JN073739

あんころ

〜家庭科の授業案がころころ出てくる本〜

持続可能な社会へ、学び合い、つなぐ 編

千葉県高等学校教育研究会家庭部会　家庭科教育推進委員会　編著

教育図書

はじめに

「家庭科教育」の さらなる充実を目指して

千葉県高等学校教育研究会　家庭部会長
千葉県立佐倉東高等学校長
木次 慎一

　新学習指導要領が令和4年度から、年次進行で実施されております。その方向性は、今後訪れるであろう新しい時代において、子供たちが自己実現を図るに必要とされる資質・能力の育成です。

　生きて働く「知識・技能」の習得、様々な状況に対応可能な「思考力・判断力・表現力等」の育成、学校での学びを自らの生き方や現実社会に生かそうとする「学びに向かう力・人間性」の涵養。これらのことが着実に実現できるよう、先生方におかれては、取り組んでいただいていることと思います。

　近年、特に家庭の教育力が低下する中、共通教科である家庭科の重要性はさらに高まるとともに、共通教科家庭科を先導する専門教科家庭科の専門的かつ実践的な取組についても、より一層の充実が求められています。

　これに加えて、コロナ禍においても、暮らしを良くするためには、学校で習う家庭科の学習内容を日常の生活習慣に落とし込むことで、豊かで幸せかつ健康に暮らすことができるという現代における「家庭科」の意義や使命が、今まさに、新学習指導要領の実施を目前に求められているものと思います。

　そのような中、本部会では、家庭科教育推進委員会授業研究部の先生方の御尽力により、多くの先生方の授業実践やホームプロジェクトの実践などをまとめた授業実践事例集「あんころ」の続編が発刊される運びとなりました。

　本書は、新学習指導要領の求めている方向性に適った授業実践記録やコロナ禍における指導内容や指導方法の工夫など、授業改善等に向けて、家庭科の先生方にとって、大いに参考にしていただけるのではないかと思いますし、引いては、生徒の学びの充実に資することは間違いないものと確信しております。

　最後に、本書の編集に御尽力いただきました千葉県高等学校教育研究会家庭部会家庭科教育推進委員会授業研究部の皆様と本書に研究実践等をお寄せいただきました先生方に改めてお礼を申し上げます。

新学習指導要領における
家庭科の学習活動

千葉県教育庁教育振興部学習指導課　前指導主事
笠置 賀奈美

　令和4年度より新しい学習指導要領を踏まえた教育活動が実施されています。各学校において、単元ごとに「知識・技能（技術）」、「思考・判断・表現」、「主体的に学習に取り組む態度」の3観点の目標を立て、評価規準を設定し、「指導と評価の計画」に基づき授業を実施し、評価をしていることと思います。その際、各学校が目指す生徒像に照らし、家庭科の学習で生徒をどのように育成していくのかを先生方一人ひとりが最も良い方法を選択し実施していくことが大切です。また、学習と評価については家庭科の教員同士だけでなく、他教科の先生方とも理解を深め、学校全体で取り組んでいくことが必要です。

　一方、令和4年度から成年年齢が18歳へと引き下げられることを踏まえ、家庭科の学習では、新しく金融教育がスタートしています。ライフコースにおけるリスク対応の必要性からさまざまな金融商品を理解し資産形成について積極的に考えていくことが必要です。高校生にとって社会とのかかわりは一層身近なものになることから、引き続き、自ら考え主体的に行動できる消費者の育成に向け、指導の充実が求められます。

　さて、ここ数年は、新型コロナウイルス感染防止に努め、自作の調理動画・基礎縫い動画作成、外部講師によるオンライン講習会等のICTを活用したり、一人調理実習を実施したり、様々な工夫をして家庭科の学びの継続を目指し、取り組まれてきたことと思います。令和3年2月に家庭科教育推進委員会より家庭科の先生方へ授業アンケートを実施していただきましたが、御協力いただきありがとうございます。その中には、調理・被服実習等の体験的な学習は、生徒にとって喜びを感じる学習となる等の記述があり、五感に働きかける家庭科の学びの重要性を感じております。コロナ禍において指導の工夫が必要となりますが、各学校の状況に合わせた家庭科の学びの一層の充実が大切です。その際、指導の参考として、本書がヒントを与えてくれることと思います。2013年に発行した「あんころ」に引き続いて、家庭科の先生方が一層連携し合い、よりよい指導の構築を目指していただくことを期待します。

　結びに、本書の編集に御尽力いただきました家庭科教育推進委員会の先生方に感謝申し上げますとともに、家庭科教育に関わる皆様の益々の御活躍及びその一層の充実を祈念いたします。

目　次　contents

「あんころちゃん」は，この本の編集会議の中で生まれました。本の案内役として，各所で活躍しています。名前は，家庭科教育推進委員会・授業研究部が発行する**授業実践事例集「あんころ」**（p.10 参照）がもとになっています。

あんころちゃん

●本書を読んでいただくにあたって
　この本は、2013 年発行「あんころ～家庭科の授業案がころころ出てくる本～」の続編として、千葉県高等学校教育研究会家庭部会家庭科教育推進委員会のその後の活動を中心にまとめたものです。大変ありがたいことに前書「あんころ」は全国の多くの方にお読みいただきましたが、本書ではさらに SDGs の視点を取り入れ、私共が自主的に取り組んだ授業力向上のための研修会など、新しい時代に即した内容を取り上げています。本書が再び、多くの家庭科関係者のみなさまのお手元に届くことを心より願っております。

※学校名や所属，肩書き等は発刊時のものです。

第 1 章

家庭科教育推進委員会の
あゆみ

◀熱血編集長と
　それを支えるベテランメンバー。

▼オンライン編集会議は、
　若手メンバーがリードしてくれました。

　家庭科教育推進委員会が活動を始めて 17 年が経ち
ました。家庭科教育の充実のために、新しい内容も
積極的に取り上げてきました。若手メンバーが増え、
ベテランも一緒に楽しく活動に取り組んでいます。

■家庭科教育推進委員会のあゆみ

千葉県立松戸向陽高等学校　**野口 裕子**

家庭科教育推進委員会は、千葉県家庭部会本部役員の有志が立ち上げた委員会です。

平成6年（1994年）より長年の悲願であった家庭科の男女共修が本格実施され「家庭一般」4単位として、衣食住はもとより家族・家庭、保育・高齢者福祉などについて男女がともに同じ教室で学ぶことができるようになりました。当初聞こえてきた「男子も家庭科をやるの？」という声からようやく解放され、「家庭科男女共修」が世間に定着してきた頃、突然「家庭基礎」2単位が、平成10年告示の新学習指導要領に登場しました。その後、家庭科教員はどこの高校でも孤軍奮闘、勤務校の教育課程編成会議の場で「家庭総合」4単位の必要性を訴えました。しかし、大学の受験科目に無いことや教科内容の無知無理解（男性教員で高校家庭科を学んだ人は一人もいない時代でした）から移行を阻止することができず、多くの高校が「家庭総合」から「家庭基礎」へ変更していったのです。「家庭科男女共修」に伴って倍増すると期待した家庭科教員の採用は少なく、他教科には見られないほどの高い講師依存率があり、そのことも各校での「家庭基礎」への移行を促したと思います。（ちなみに、この新学習指導要領告示当初は「家庭基礎」という科目について、上位学年で「食物」や「被服」「保育」などの専門科目を履修する専門学科の生徒対象のものだと聞きました。）

「家庭基礎」履修校の増加は、家庭科一人配置の高校を増やし、そのことによる困難な状況（出張や会議の多さ、施設設備管理の困難さ等）も明らかになってきました。その頃は、教科「家庭科」の存続にまで話が及ぶこともあり、私たちは大きな危機感の中にいました。そして、本部役員の中に「何とかしなければ」という機運が生まれたのです。

それまでも家庭部会では各地区の研究会で情報交換などを行い、課題や要望などを理事会で報告してきましたが、役員はじめ各地区理事も輪番制であったため、年度ごとの状況把握しかできずにいました。そこで、各地区各校の家庭科の置かれた状況を把握し、継続的に課題解決に向けて活動できる場を設けたいとの思いから「家庭科教育推進委員会」設置を当時の本部役員が提案し、2年の準備期間を経て平成19年度（2007年）よりスタートしたのです。

発足当初は前年度本部役員や前年度地区理事に半ば強制的にメンバーになってもらい、意志のある人だけ次年度以降も続けて活動してもらうという方式で委員を賄いましたが、やがて自ら仲間に加わってくれる人もいて、現在は約20名程度に定着し活動しています。活動の大きな柱は2つ。一つはそれぞれの学校で抱える問題（教育環境、施設設備、人員配置等）や教科指導についての悩みなどを聞き取り、共有し、改善策などあればそのことを情報発信すること。そしてもう一つがより良い授業をめざして研究を深め、ここでも情報発信・交流をして家庭科教育の充実に努めていくことです。課題検討部・授業研究部・情報発信部の3つの部でこれらのことを分担し活動しています。

家庭科の男女共修がはじまって26年。家庭科の授業では、男女平等の視点に立った家庭生活の在り方や環境に配慮した消費生活、共生社会の在り方を考えるなど、今日頻繁に耳にする「ジェンダー平等」「SDGs」「多様性」に対応した授業をすでに展開していました。そして理論にとどまらず、学んだことを実践していく力を育むことができるのも家庭科の強みです。そして、推進委員会発足から15年、この間、実に多くの有益な情報交流を行い、より良い授業作りに貢献してきました。これからも一人ひとりの家庭科教員の声に寄り添い、横のつながりを強固にする存在として活動していきたいと思います。

（1）課題検討部

　課題検討部では、千葉県内高校の統廃合に伴い、家庭部会組織の適正化に向けてブロックの再編および地区割作業など実務作業を行ってきました。それと並行して、毎年、種々のアンケート調査を実施しています。この調査は、家庭科教育における様々な課題を把握することをねらいとしています。アンケート調査は、ホームプロジェクト、人員配置、施設・設備、家庭科をめぐる状況というテーマの他、その時々に応じて、調理実習の材料調達方法、文化祭での調理メニューや家庭科教員の関わり方、教育課程、新学習指導要領に向けての取り組み等のテーマも設けています。アンケート調査の実施により、各校の現状を把握するとともに、各校一人ないし少数配置の家庭科教員にとって、疑問や悩みを共有することも可能となりました。

　ホームプロジェクトにおいては、事務局や各校の先生方のご尽力に加え、各校の実施状況、実施時期、テーマ設定の指導等の情報を共有することができたこともあり、ホームプロジェクトコンクールの応募数は年々増加しています。以下に、近年のアンケートの中から、令和4年度からの高等学校学習指導要領実施に向けた取り組みを紹介します。また、本誌 p.96、97 にアンケートから各校で使用したおすすめの視聴覚教材、外部講師を招いた授業についても紹介します。

◆学習指導要領高等学校家庭科における「思考力・判断力・表現力等」を育成するための取り組み

●実践例
・調理実習にテーマを設け、グループごとにまとめ、プレゼンを実施する。
・調理実験後にその知識を生かした調理実習を行う。
・調理実習後に家庭での実践・応用等のレポートを課す。
・日常生活でよく使用する食品の実験や調理科学の視点を取り入れる。
・洗剤、洗浄力、衣服材料の観察など実験を行う。
・衣服製品の成り立ちを体感できるよう、糸→布（織物・編物）→衣服　それぞれの過程における製作実習を取り入れる。
・アニメに見られる間取り　家族の変化に応じたリフォーム　住まい探し
・親子ふれあい交流（育児体験・インタビュー・親子観察後に担当親子への手紙・体験記作成、発表）
・子育てサロン（体験後、1分間スピーチ）
・高齢者疑似体験
・家族に関する法律・結婚観のディベート　家庭に関する新聞記事についての論述
・ウェビングマップの作成（フードマイレージ　持続可能な社会）
・こども園等でのインターンシップで、手作りの児童文化財を用いた創作劇を行う。

●授業方法
・単元のまとめとして、ホームプロジェクトの実施
・表、グラフの読み取りから考え、発表
・答えのない（出すのが難しい）テーマでレポートや論述
・図書館を利用した調べ学習
・自分の考えを記入したり、発表や掲示物を作成したり、実習記録や授業プリントの内容を工夫する。
・記述の重視・グループワーク・グループ討論やディベート
・ICT の活用　　　・実習・体験を通して思考させる授業の展開
・各分野で多くの実習を行う。　　　　・大学、専門学校、地域とコラボした授業展開
・他教科（例えば理科）とのコラボ授業　　　・ジグソー学習やマッピング
・ブレインストーミングやKJ法で解決法を見出す。
・アクティブラーニングを取り入れた授業　「プレゼンテーション」→「ネゴシエーション（交渉術）」→「エヴァリュエーション（事後評価）」→「フィードバック」

（2）授業研究部

授業研究部は毎年 15 名程度で活動しています。現在の活動内容の柱は以下の 3 つです。

①情報誌「あんころ」の発刊

家庭科教育推進委員会の発足以来、毎年 1 冊ずつ情報誌「あんころ」を発行して、2021 年で 15 冊になりました。これまで授業実践は総計 169 件紹介しています。どんな情報誌にしたいのかを考えた末につけられたネーミングである「あんころ」、発刊時に込められた以下の思いは、変わることなく今も引き継がれています。

> ・授業のアイディア（案）がころころと転がり出てくるように！
> ・生徒の食いつきがよい授業を目指して！
> ・みんなの表情がぱっと明るくなるような授業を目指して！
> ・あんなこともこんなことも、論より証拠でやってみよう！

家庭科教諭は 1 校の人数が少ないことが多いため、相談相手がいない、情報が得にくいといった環境に置かれがちです。この冊子によって少しでもお互いの助けになればと思いこれまで活動を続けてきました。当初は一校一冊の配布でしたが、その後一人一冊の配布にし、手元に置いて活用してもらえるようにしました。

②ホームプロジェクトコンクールの運営

千葉県独自のコンクールです。授業研究部から事務局長を選出し、家庭科教育推進委員会の 3 つの部からメンバーを募って 10 名余りで事務局を務めます。毎年「あんころ」に審査員の感想やご意見、応募作品の傾向と特徴、受賞作品の概要を紹介しています。ホームプロジェクトに取り組ませる際の参考になればという思いです。詳細は第 3 章をご覧ください

③授業研究研修会の開催

この研修会は 2017 年に始めたもので、録画された授業の様子を観察し、授業者の振り返りを聞いて自分の授業を振り返り、参加者と話し合うという形で行っています。みんなで一つの授業を話し合うのではなく、各自が自分の授業を見つめる機会とするためのものです。第 4 章にこれまでの取り組みを紹介させていただきました。

授業研究部立ち上げから 15 年が過ぎ、今後の活動の方向性を考えるためにアンケートを実施しました。以下にその内容を紹介します。

（実施：2021 年 12 月　対象：千葉県家庭部会加盟校の家庭科教諭・講師　回答：112 件）

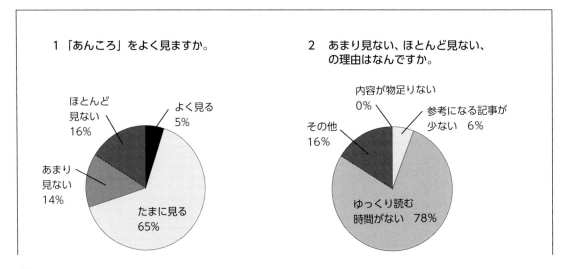

3　役に立った内容は？

①調理実習の献立　②プリントの作り方　③授業展開の方法　④使用教材や参考図書　⑤視聴覚教材　⑥授業の流れや切り口　⑦ホームプロジェクト実施のための工夫　⑧題材設定　⑨他校が比重を置く分野

＊行き詰まったときにヒントをもらう、いくつか参考にして実際に授業に取り入れている、防災や経済など専門分野外の内容のアイデアを得て幅広い教材研究ができた、複数分野で行われていたロールプレーイングを取り入れた、などといった声が寄せられた。そのまま使うこともできるが、ヒントを得てそれぞれの生徒の実態に応じて工夫しながら使っている様子がうかがえる。

4　今後、「あんころ」に掲載してほしい情報・内容は？

【授業内容について】①投資など資産運用　② SDGｓを取り入れた授業　③被服実習の作品例　④調理実習の献立（短時間でできるもの、コロナ禍でもできるものなど）　⑤ 18 歳成人を意識した授業　⑥繊維に関する授業　⑦住居分野

【評価について】①評価方法、評価規準　②試験問題の作り方、事例

【その他】①学習指導計画やシラバスなど　② ICT 活用の方法　③ 2 時間連続授業の効果的な使い方　④生徒の反応

＊やはり授業内容に関する情報が求められている。アンケートの実施時期が学習指導要領の変わる直前だったため、変更される内容に関連することについての要望が多い。また、「今まで通りでよい」、「どんな情報でもありがたい」、といった回答もあり、今後も授業に関する情報をできるだけ多く紹介していきたいと思う。また、「できればワークシートなどのデータがほしい」という要望も複数あった。

アンケート結果より、「あんころ」に求められている役割はまだまだ多いと感じました。これからも、生徒が興味をもって学習できるよう、社会の変化に応じて常に新しい授業を作っていけるよう、お互いの授業実践を持ち寄り情報交換できる「あんころ」を大切にし、授業研究部としての活動を続けていきたいと思います。

（3）情報発信部

情報発信部は 9 名ほどで活動しています。家庭部会の活動報告や地区研究会の研究成果など、外部への情報発信に努めるためにホームページを開設しています。また、家庭科教育の改善・充実・課題解決のための活用を目的に、会員内の情報交換、資料提供など、会員相互の交流の場となるようなページも用意しています。ホームページは次のアドレスで、千葉県高等学校図書部会と一緒に開設しています。 https://ncsaas.cu-mo.jp/chikouken01/htdocs/

家庭部会ホームページの主な運営内容は、①ホームページに関する会員ＩＤ・パスワードの管理、②ホームページでの情報発信に係る内容の整理・削除・保存、③ネットワーク利用の案内・啓発、④ホームページの情報内容の正確さと最新の情報提供、です。

現在ホームページ上では、各行事の報告、家庭科教育原稿、ホームプロジェクトコンクール上位入賞作品が掲載されております。家庭科技術検定に関する必要資料のダウンロードも出来るようになっています。コロナ禍で家庭部会の総会が実施できなかった年度においては、議事資料と議事結果の掲載も行いました。また、緊急事態宣言下での休校期間や、蔓延防止措置に伴う分散登校期間、様々な制約がある中での授業や実習の方法や工夫など、家庭科の先生方がどのように乗り越えてきたかを、授業研究部が作成したアンケートをフォームに起こし、ホームページで回答を募りました。地区研究会や総会等で集まることが出来ない状況でも、会員相互の情報交換が出来たと思います。これからも先生方に利用しやすいホームページ作りを目指したいと思います。

ホームページのトップページ

…ちょっと休憩…

家庭科あるある①

お祭り縫い

彼らは、糸のことをひもと呼ぶ…。

家庭科あるある②

似て非なる…

外来語って難しい…。

第 2 章

あんころで GO ！

「あんころ　Vol.7 〜 15」掲載実践に新編を加えて紹介します。「指導のポイント・おすすめする理由」に、授業者の率直な思いが詰まっています。案がころころ…となりますように！（p.10「あんころとは」参照）

第 2 章は、「1：誰もが大切にされる」「2：健康で豊かなくらし」「3：持続可能なくらし」という 3 つの区分でご紹介いたします。各ページのサイドには、さらに詳細な分類記号を付けました。この区分は、SDGsの 5 つの P（People,Prosperity,Planet,Peace,Partnership）をもとに作成しました。

＊分類記号の意味

【分野】	【SDGs を達成するためのあんころ的視点】
生 生活設計	言 言語活動の充実を目指した学習
家 家族・家庭	体 体験・参加型学習（実験実習・交流・協働）
共 共生	課 課題解決型学習
保 保育	キ キャリア教育
高 高齢者	横 横断的学習（他教科との連携、異分野の合併）
衣 衣生活	伝 伝統・文化に関する学習
食 食生活	安 安全・防災教育
住 住生活	科 科学的視点
環 環境	福 福祉的な視点
消 消費・経済	人 人権・ジェンダー・男女共同参画などに関する学習
	国 国際理解教育
	地 地域
	Ｉ ICT の活用

授業開き～家庭科で何をどう学ぶ？～　Ｑ＆Ａ

Q1　授業開きって、どんなことをしたらよいでしょうか？

⇒家庭科で、これから何をどのように学ぶのか、**学習の目的、内容、方法、評価**について伝えます。また、授業を組み立てるためには生徒の生活実態をつかんでおきたいものです。これからの授業を楽しみにしてもらえるような時間にしたいですね。

Q2　具体的には、どんな授業が考えられますか？

⇒授業実践の事例を紹介します。教師の思いを伝えることができる貴重な時間なので、十分に準備をしておきましょう。

事例Ⅰ　「家庭科で何を学ぶ？」
～学習内容の分類で教師の思いを伝え、生徒は学びたい項目を考える～

【授業の流れ】
①教科書を開きながら、教師の視点で整理したＡ～Ｄの分類を生徒に説明します。
　　ＡＢ…大人として自立した生活を送る力をつける。
　　Ｃ……高校で時間をかけて大切に扱いたい内容です。現代社会で起きている様々な問題が私たちの生活と深くつながっていて、当事者だったらという想像力をつける。
　　Ｄ……実習やグループ討議などを通じて育みたい力。
②学びたい内容についてのアンケートとＡ～Ｄの分類をさせます。
③自立度チェックをさせます。生徒の生活実態を把握するよい機会になります。
④自由記述欄は教師への手紙のつもりで書くように促します。生徒との人間関係の構築を計る機会にしましょう。

【ワークシート】　　　　　家庭科で何を学ぶのか

Ａ　生活文化の伝承　　　Ｂ　生活技術の習得　　　Ｃ　家庭生活をめぐる現代社会の問題
Ｄ　人とのつながり（コミュニケーション）

家庭科で何を学びたい？◎（3つ以内）　　○　△　×

1	（　）料理ができるようになりたい	
2	（　）お掃除上手になりたい	
3	（　）洗濯上手になりたい	
4	（　）裁縫（洋裁・和裁・手芸等）ができるようになりたい	
5	（　）繕い物ができるようになりたい（ボタン付け、裾上げ等）	
6	（　）お金の使い方に興味がある	
7	（　）介護の仕方を学びたい	
8	（　）家庭生活に関わる仕組みや法律について学びたい	
9	（　）栄養について勉強したい	
10	（　）子育て上手になりたい	
11	（　）児童虐待など、現代の教育問題に興味がある	
12	（　）環境問題に興味がある	
13	（　）食文化（食材・伝統食・郷土食等）に興味がある	
14	（　）衣文化（歴史・ファッション等）に興味がある	
15	（　）住文化（歴史・建物等）に興味がある	
16	（　）家族や友達のよい相談相手になりたい	

自立度チェック		はい	いいえ	時々
1	自分の部屋は自分で掃除する			
2	朝は自分で起きられる（起こされないで起きる）			
3	服のボタンが取れたら自分でつける			
4	弁当を自分で作ったことがある			

上記感想及び、家庭科の授業への要望等

【教師の視点】
　ワークシートを使ってこれから何をどのように学ぶのか伝えます。とくに視野を広げて考えられるために分類Ｃ「現代社会の問題と身近な生活のつながり」を意識させたいです。また、生徒の学びたいことをつかみ取るための大切な時間であり、感想や要望を気楽に何でも書くよう声をかけます。

事例Ⅱ 「他己紹介から始めよう」
～グループワークとICT活用で楽しく効率よく～

【授業の流れ】

①授業の約束事等を確認し、GoogleのClassroomに入らせます。

②班のメンバー発表、ペアで質問し合いお互いに自己紹介をします。【ペアワーク】

　→お互い質問しあうように促す。

③班の中で他己紹介＋自己紹介をします。【班活動（4人1班）】

　「例：○○さんとお母さんの名前が一緒だった△△です。」

　→教師が他己紹介の見本を示し「発表したら拍手をしてほしい。拍手は気持ちを込めて、大きくしよう。」と言って、生徒に拍手を促し練習をさせる。「お～いいね！そんな感じでお願いね！」と生徒を励ます。

④ワークシートで自立度チェックを行います。点数の平均、最高点、最低点を班ごとに集計して、端末から表に入力させます。【班活動】

　→結果を映写してクラスで共有する。（以下の表参照）

⑤ペアかグループで、高校生ではどの程度の自立が必要か話し合い、自分の生活を振り返らせます。【ペアワークまたは班活動】

　→家事のことや部活のことなど、プライベートな話も出ることが予想される。話しやすい話題で、緊張もほぐれてくるとよい。

⑥Formsで今日の振り返りを入力させて終わります。

　→次回の授業で結果の共有をするとよい。

【自立度チェック集計表】

班	点数	班	点数
1班	31	7班	24
	41		28
	33		34
	36		18
2班	32	8班	41
	27		22
	46		42
	41		35
3班	32	9班	22
	32		34
	32		31
	39		23
4班	27	10班	37
	29		36
	25		29
	38		29
5班	36	11班	20
	29		31
	39		39
	23	平均点	31.16279
6班	15	最高点	46
	31	最低点	15
	34	※60点満点	
	17		

【生徒のコメント】

・家庭内のルールの違いから、当たり前だと思っていたことが他の人とは違うということがわかった。

・自分は周りの人に比べて自立ができていることが点数としてわかったので、自信になった。

・自立度チェックなど数字で出るものをやると自分がまだまだ自立しきれていないことがよくわかった。

【教師の視点】

　初回の授業からグループワークを取り入れ、これからも様々なグループワークを行うことを伝えます。ここで失敗すると1年間上手くいかないので、一人一人が参加するおもしろい授業、という、和やかな雰囲気作りに努めます。どんどん近くの人と話したり動いたり…まず、適度に和やかにして、そして自分で・みんなで考える授業だよと伝えるため、雰囲気作りに力を入れます。「部活終わって帰ってからこれは無理じゃん？」「これはできてあたりまえだろう！」など生徒のいろいろな声が聞ける良い機会です。「この家事はお父さんがやるんだ、すごいね！」等、他の家庭の実態を知る機会にもなります。最後に家庭科の学びを通し、自分・家族・社会に目を向けるよう話します。

第2章 あんころでGO！

事例Ⅲ　「ワールドカフェを開こう」
～学びたいことを話し合う～

【授業の流れ】

①教科書や資料集を見ながら、「家庭科の学習で身につけたい力」について話し合います。

【班活動（4人1班）】

・カフェで話しているようにフランクに話し合うよう促す。
・発言は1人ずつ。聞き手は否定しない。共感したらいいね！と伝えるよう指示する。
・机上に広げた大判用紙に自由にメモしたり絵を描いたりさせると楽しく取り組める。

②班長1人を残し、他は別の班へ移動します。再度新しい4人で話を続けます。

・メモを見ながら話し合いを発展させる。
・時間があれば班替えを何度も繰り返すと生徒同士の交流も深まる。

③最後は元の班に戻り、大切だと思うものを3つに絞らせます。

・3つにすることが目的ではないが、優先順位をつけるという目的があると意見を出しやすくなる。

④各班の発表を聞きます。

【生徒の感想】

・いろんな人と討論して発見があった。
・自分の意見を発表して共感してくれる人もいたりして嬉しかった。

【教師の視点】

　生徒が自らの言葉で学習したい内容を見つけ出し、他人に話すことでしっかり意識づけることにつなげたいです。また、自由に発言する様子を観察することから、生徒の生活実態や興味関心を把握する良い機会となります。クラス替えをした直後であるため、新しいクラスで人間関係を築く機会となります。

事例Ⅳ　「SDGs について考えよう」
～学習しながら家庭科の内容や学び方を伝える～

【授業の流れ】

① SDGs を紹介する動画等をみて、理解を深めます。

（例）　『どれから始める？未来のために』外務省
　　　　『SDGs　CLUB』　日本ユニセフ協会
　　　　『持続可能な開発』　国連広報センター

②自分が一番気になった目標を一つ取り上げ、同じ目標を選んだ人とグループを作ります。

③その目標についてさらに詳しく調べ、理解を深めます。

【教師の視点】

　SDGs について理解し、生活を見直し、行動を起こしていくことが、家庭科の目標に通じるところがあるので、自分だったらどう行動するか等、自分の生活におきかえて考えるヒントを、家庭科で得られるようにしていきたいです。エコバックを使う、お弁当を残さず食べる、制服を長く着る等、普段の生活の何気ないところから見つけやすく、家庭科の学びへつながっていきます。家庭科の学びは、"人生そのもの"と伝えたいです。自分の生き方がより豊かになるには、知識も技能も必要であり、家庭科は、そこをサポートできる、唯一の科目です。また、高校家庭科での学びと小中学校との違いは、いよいよ大人としての自覚をもち、生活の自立を念頭に置いて授業を展開するところです。現代社会で起きている様々な問題が私たちの生活と深くつながっている事、当事者だったらという想像力を持って学んでいくことが大切であることを伝えていきたいです。

事例Ⅴ 「発問して生徒とやり取り」
〜時間を使ってじっくり話す〜

【授業の流れ】
① 「家庭科では何を勉強すると思う？」
　　多くの生徒は実習中心の衣食分野と答えます。
② 「好きな人が多い肉じゃがの材料は何かな？」
　　何人かに聞いてみるとよいでしょう。肉じゃがに限らず料理は何でもいいけれど、これが普通、当たり前と思っていたことでも「家庭によって違うんだ」という発見ができます。
③ 「コチニールって何かわかる？」
　　タブレット等で調べて映像でも見るようにします。知っていて選ぶのと、知らずに選ぶのでは大きく違うこと、表示されているものを購入するということは、納得したうえでの判断だから、そこに責任も生じると伝えましょう。

【教師の視点】
　家庭科は「受験に必要ない」とか、「興味ない」と言って参加したがらない生徒もいますが、導入時にじっくり時間をかけて話すようになってからは、少し取り組み方が変わってきました。
　授業は情報交換を通じて、思考を深める場であり、家庭科は様々な価値観に触れる教科だと伝えたいです。

⇒授業者から家庭科に関する様々な分野について生徒に問いかけ、授業内でやりとりをし、クラス全体で答えを共有していくことで、家庭科についての興味関心を高めましょう。

事例Ⅵ 「小・中・高の家庭科の違いとは？！」
〜将来のために何を学びたいかを考える〜

【授業の流れ】
①小学校の家庭科で学んだことを振り返ります。
　・"家族の一員" としての視点で学んでいたということを理解させる。
②中学校の家庭科で学んだことを振り返ります。
　・"生活の自立" という視点で学んでいたことを理解させる。
③高校の家庭科で学ぶことを知らせます。
　・"主体的に生活をよりよくする" という視点で学ぶということを伝える。
　・シラバスをもとに年間の授業の流れについて、具体的に説明する。（家庭生活だけでなく、地域社会の生活についても扱うことを伝える。）
④ワークシートに記入します。
　・自己紹介、高校の家庭科で学びたいこと等を記入させる。

【教師の視点】
　「小中学校で家庭科をやったけど、また高校でも同じことをやるのか〜」と多くの生徒が思いがちです。
　このようなイメージを払拭するために、導入で視点の違いについて語るようにします。黒板に図を書きながら説明すると、生徒たちに伝わりやすいです。

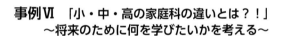
これから家庭科の授業をがんばろう！

第2章　あんころでGO！

成年年齢引き下げと消費者問題

●科目 家庭基礎	●時間のめやす 2時間	●評価 ㊤ ㊥ ㊦
●履修学年（人数） 普通科2学年（40人×8クラス）ほか		ワークシート、ロールプレイング

<時期>

生活設計の学習の時

<目的>

　成年年齢引き下げの内容を正しく理解し、大人になる責任を考え、消費者としての自覚を高める。現代家族の特徴、青年期の特徴、経済計画、社会保障制度などと合わせて、大きく生活設計の学習として取り上げる。

<内容・方法>

1　成年年齢引き下げに関するクイズを行う。（「おとなドリル」教育図書を使用）㊥

2　クイズの正解を確認しながら、「成年年齢引き下げ」の内容を理解する。㊤

※該当学年の場合、2022年3月31日までは未成年でも（18・19歳）、翌4月1日から全員一斉に成人になることを確認。（授業は2020年2月に実施）

　①　民法の改正である：他の法律に関わる内容には変更がない（飲酒、喫煙、ギャンブルなど）。

　②　変更点は大きく2つ：親権と、契約に関する内容である。

　③　男女で違いのあった婚姻年齢は、成年年齢に合わせて男女とも18歳へ。

　④　すでに実施された選挙権年齢引き下げ同様、若者に社会参加を促すことが目的である。

3　契約の基本を学ぶ。（「社会への扉」消費者庁発行、「18歳までに学ぶ契約の知恵」金融広報中央委員会を使用）㊤㊥

4　未成年者取消権について知る。⇒　成年に達すると消失する。㊤

5　代表的な悪質商法と消費者トラブルの対応について知る。⇒ロールプレイングを実施 ㊥

6　消費者の行動が社会を変えることに気付く。⇒　決して泣き寝入りしない。正しい知識を持つ。相談する。㊤㊥

7　大人になることと契約について、考えたことをまとめる。㊥㊦

<生徒の感想>

・大人になると責任が増すことがわかった。

・大人になると自己責任になるから、しっかり理解しておく必要がある。

●指導のポイント・おすすめする理由など

　多くの生徒は、成年年齢引き下げについては興味を持っているが、正確に理解しているとは言えない。気軽に取り組めるクイズを通して、成年年齢引き下げの内容を正確に理解し、そのことから消費者としての自覚を高める必要性を理解することができた。

　「クーリング・オフ」はよく知っているが、その内容については正確に理解できておらず、「未成年者取消権」についてはほとんど理解できていないことがわかった。成年年齢引き下げと関連させて、しっかり定着させる必要性を感じた。

　消費者に関わる内容は専門用語が多く、教科書だけではなく、わかりやすい資料を活用すると指導の効果が高まる。成年年齢引き下げは効果的な題材である。

自分らしく生きる社会をめざして ～性別役割分担意識にとらわれない生き方～

●科目　生活デザイン	●時間のめやす　2 時間	●評価	知	思	態
●履修学年（人数）　1 学年（40 名×8 クラス）		考査、ワークシート			

＜目的＞

　生涯を見通した自己の生活について、ライフスタイルと将来の家庭生活及び職業生活の視点で主体的に考える。

＜内容・方法＞

外部講師 2 名による講話を聞き、行動目標を立てる。

◇ NPO 法人パートナーシップながれやま　代表者の方の話 （知）

　　①男女共同参画社会とは

　　②アンケート（女に生まれたいか、男に生まれたいか、その理由は？／家事と働くことについて）

　　③日本人の意識と実態（M 字型、共働き世帯の変化、子育てと仕事の両立、性別役割分担意識 等）

◇本校卒業生の話

> 　高校在学中に美術部を立ち上げ、部長を務めていた。大学では映画関係の活動をしながら、将来は絵を描く職に就きたいと思っていた。
> 　22 歳で結婚し、夫から DV を受けるようになったが、「女という立場でこの先苦しい生活になるのではないか」と思い、離婚を留まった。次第に暴力により自分らしさを失っていった。自分自身の身の危険を感じる出来事があり、離婚を決意した。
> 　現在の夫と結婚し、普通の幸せを求めることができたが、子どもを流産してしまい、絶望…。夫に励まされ、大学時代の夢であったイラストレーターになることができた。

＜生徒の感想＞

・今回のお話を受け、今後自分がどのように生きていきたいかを考えたいと思いました。男女の立場にとらわれずに生きていきたいです。

・男女差別は身近な話なので、これから自分たちに何ができるのかを考えて生活していきたいと思います。

・私もこれまで「お前女だろ」とか「女なんだから」とか言われることが沢山あって、その度に「女に生まれたくて生まれてきたわけじゃないのに」と思っていたので、今回このような授業を受けさせていただいて本当に良かったです。

・話を聞いて考えるようなことが沢山ありました。共働きの方が経済的にも余裕が持てるし、将来は共働きがいいなと思いました。

・これからの未来をちゃんと考えて築いていけたらいいなと思いました。社会にとらわれすぎない生き方を考えないといけないと思いました。

●指導のポイント・おすすめする理由など

・外部講師の方々とは事前の打合せを行った。事前学習の内容や授業の目的についても理解していただいた上で授業内容について相談した。

・感想ではなく振り返りのテーマを設定することで、（態）をみとることができる。

　（例：生涯を見通しよりよい人生を送るために自分が今できることを考え、行動目標を立てよう。）

・「本校卒業生の話」に限らず、以下のような例を適宜紹介するとよい。

> 「女だからコピーをしろ」と言われた。／就職する時点で"男は総合職"、"女はエリア総合職"と決められていた。給料に差があるが、選択することはできない。／高校時代はサッカー部。体力には自信があり"ブラック企業"で働く自信があった。仕事は順調であったが身体を壊し、3 年で転職した。／結婚をした。今後子どもを出産することを考えると 2 人とも今のような働き方をするのは難しい。夫と話し合いをし、私が転職することになった。　など

友だちと夫婦になって家事分担しよう！ 〜家事労働の見える化〜

●科目 家庭基礎	●時間のめやす　1時間	●評価	知 思 態
●履修学年（人数）　1学年（20人×2クラス）ほか		考査、ワークシート	

<時期>
　家族・家庭分野「家庭の役割と家事労働、職業労働」の最後

<目的>
　「家庭の役割と家事労働、職業労働」の中から「家事労働」の理解を深め、担い手の負担からくる不満の解決方法を考えさせる。家事労働を「見える化」して分担をすることにより、肉体的にも精神的にも負担が軽減することを理解させる。

<内容・方法>

1　前時の『家族の人間関係と家族間に起こる問題』の中で、子どもが0〜2歳と育児が大変な頃に離婚が最も多く「産後クライシス」として社会問題にもなっていることを伝える。離婚が悪いわけではないが愛し合って永久の愛の誓いをした2人が別れる一因は、コミュニケーションの不足であるなら、このような方法もあることを伝える。（離婚家庭が多いので配慮が必要）知

2　ワークシートⅠを記入させる。（家事労働の例をあげ、夫婦のどちらがやるのが良いと思うかアンケート形式で問う）

3　希望生徒3名がロールプレイを行う。「出産後職場復帰した妻と夫」の話に合わせて、教師がパワーポイントでイラストを出す。

4　1班4人のうち、出席番号1番目の人が妻、4番目の人が夫となり結婚する。（男女問わず）他の2人はアドバイザーか子どもとなる。

5　毎日やる家事と不定期に行う家事を書いたホワイトボードを各班に配る。裏に磁石の付いた100種類の家事カード（雑誌AERA「共働きの家事育児100タスク表」より引用）を夫婦で相談しながら分担をして貼っていく。（10分位）

ホワイトボードに家事労働を分担して表示

6　どのような意図でこの分担をしたかを話し合わせワークシートⅡを記入させる。各班出席番号2番目の人が発表をする。

7　公的支援について話し合あわせ、ワークシートⅣに記入する。
　出席番号3番目の人は、ワークシートⅣの内容を発表する（希望班）。思 態（2〜7分）

8　NHKスペシャルで取り上げられた「ママたちが非常事態！」〜最新科学で迫るニッポンの子育て〜（インターネット）を参考に産後うつ・女性ホルモン「エストロゲン」「オキシトシン」の話をする。家事を「見える化」することによりコミュニケーションがとりやすくなること、お互いの思いやりが離婚を避けることになる。教科書「ワーク・ライフ・バランスの実現をめざして」につないでいき、長時間労働の是正、育児支援制度の導入など、男女を問わず働き方も見直し、ワーク・ライフ・バランスが取れた生き方を選択することを伝える。知

9　振り返りとしてワークシートⅤを記入。思

ロールプレイ（一部抜粋）

ナレーター	妻は、育児休業中です。来月から職場復帰をします。
妻	「育児休業中は私が家事も育児も全部やってきたけど、これからはパパも協力してね！」
夫	「オッケー　任しといて」
妻	「今は何も家事をしてくれないけど、私が職場復帰したら、きっとパパも変わるわ！」
ナレーター	妻はボロボロに疲れていました。妊娠前までは、対等に仕事の話ができていた夫婦でした。育休復帰後は、夫の仕事の関わり方と自分の仕事への関わり方の差に不公平感を感じるようになりました。そして、夫への愛情も薄れていくのを感じるのでした。
妻	「パパ、家事をもう少し分担してくれないと、無理なんだけど」
夫	「え！？僕、けっこう分担していると思うけど。風呂掃除もして、洗濯物も干しているしアキラにミルクものませているよ！子どもとも遊んで、イクメンだと思うけど？」
妻	「じゃ～この表を見て！横の軸は左がパパ、右が私。縦の軸は、上は毎日やる家事、下は不定期にやる家事・・・パパの５倍、ママが家事に縛られていると思うわ！」
夫	「そうか。…これからは一つ一つの事にお互い『やってくれてありがとう』を言おうよ！」
妻	「そうね。出来ないときは仕方がないけど『ありがとう』とねぎらいの言葉があると、うれしいわね」

ワークシートの内容

Ⅰ	あなたは、次の家事は夫と妻のどちらがすると良いと思いますか？または、どちらがやっているイメージがありますか？ 夕飯作り（　　　　　）弁当作り（　　　　　）部屋の掃除（　　　　　）お風呂掃除（　　　　　） 保育園のお迎え（　　　　　）熱を出した子どものお迎え（　　　　　）洗車（　　　　　）
Ⅱ	夫婦で話し合い、家事分担をしましょう。（夫婦以外は子どもまたはアドバイザー） 分担後、どのような考えで分担したか記入してください。
Ⅲ	ほかの班の人の発表を聞いて良かったと思う班に○を付けて、どこが良かったか記入してください。（内容）

1班	2班	3班	4班	5班	6班	7班	8班	9班	10班

自分たちが考え付かなかった良かった点・ハッピーになれそうな点

Ⅳ	この家庭の場合「公的支援」でサポートできる事を話し合って記入しましょう。
Ⅴ	「家事労働の分担」「ワーク・ライフ・バランス」ついて他の人の意見も聞き、将来も含めあなたの考えを記入してください。

＜生徒の感想＞

・今までは、家事労働は女性がするものと思っていたが今は共働きの家庭が増えてきて考え方も変わったことが分かった。結婚したら二人で家事を分け合って協力したい。（男子）

・家事労働は、長時間働くうえに賃金も払われないので、見返りがあればモチベーションも上がると思う。（女子）

・こんなに多くの仕事があるとは思わなかった。親の手伝いをしようと思う。（男子）

＜指導のポイント・おすすめする理由＞

　疑似夫婦は大変盛り上がり、「見える化」により問題点もはっきりしてコミュニケーションの取り方や現代の問題点も考えるきっかけになり積極的に意見交換・発表をして活気ある授業展開ができる。

1：誰もが大切にされる

「母子健康手帳」から子育てについて知ろう！

●**科目** 家庭基礎　●**時間のめやす** 1～2時間	●**評価** ㊐知 思 ㊐態
●**履修学年（人数）** 1学年（40人×13クラス）ほか	ワークシート

<目的>

母子健康手帳に載っている妊娠、出産、育児に関する多くの情報に触れ、近い将来、親になること、あるいは家族、社会の一員として子どもを育てる立場になることを自覚する。

<内容・方法>

「20年をつづる母子健康手帳」（風間書房）を読みながらワークシートを記入していく。

この「20年をつづる母子健康手帳」は小学生以降から思春期の子どもについても情報が掲載され、保護者が記録するページもあるので、現在、自分自身を育ててくれている保護者に対する気持ちにも思考を向けることができる教材である。

ほかにも「妊婦を支えるパートナーとして」「父親になる」といった妊婦以外の人に向けて書かれたページもあり、多角的に妊娠から乳幼児がいる生活について知ることができる教材でもある。（参考：親子健康手帳普及協会ホームページ　http://oyako-kenkotecho.com/）

知 態

<評価>　手帳を読んでいる時の態度、ワークシートのできばえ

A	B	C
積極的に手帳を調べ、必要な情報を的確に記入できている	手帳を読み、空欄を埋めている	手帳を読んでいない 適語を記入できていない
自分自身の経験や将来像と関連させた感想が書けている	手帳に掲載されている情報に対する感想のみ	ただ「おもしろかった」など具体性、主体性に欠ける感想

<生徒の感想>

・母子健康手帳は記録するものだと思っていたけど、いろんな情報がわかりやすく書いてあった。自分の手帳も見てみたくなった。

・初めて読んだ。手帳に書いてある情報は妊娠する前から、妊婦だけでなくみんなが知っておくべきだと思った。

<指導のポイント・おすすめする理由>

・実際に自治体などで使用されている母子健康手帳とほぼ同じ仕様であることを伝えることで生徒たちはとても臨場感を持って手帳の内容に触れることができる。

・手帳の好きな部分を自由に読むだけでもよいが、ワークシートにある①～④について、手帳を用いて調べることで、手帳全体に目を向け、より多くの情報に触れることができる。

・ワークシートを工夫することで調べ学習だけでなく、グループ発表など、さまざまな授業展開ができ、授業時間調整などにも活用できる。

P14〜17 出産の状況 産後の経過 新生児の記録　P77〜81 産後の母体

生後（ 4週間 ）までの赤ちゃんを（ 新生児 ）といいます。この時期、赤ちゃんにとっては（ 母体内 ）での生活から（ 母体外 ）での生活に慣れるための特別な時期になります。また母体は妊娠前の身体に戻るという大きな変化が起きる時期になります。一緒に暮らす家族にとっても育児に戸惑うことが多いので互いに（ 協力 ）しなければいけません。

P18〜31 乳児の記録　P82〜94 乳児の生活

（ 乳児健診 ）を受けて子どもの成長の様子を家族と確認し合い、これまでの成長をともに喜びましょう。また育児に対して、悪い面、できなかったことばかりに目を向けずに、医師、助産師、保健師など第三者に子どもの健康の様子を分析してもらうことも大切です。

☆乳幼児の具合が悪い場合 P105 [救急相談事業]

#8000

休日や夜間、子どもの症状にどのように対応すべきか迷った時

P50〜54 予防接種の記録　P95〜101 予防接種について

赤ちゃんは生後（ 3〜4か月 ）頃、（ 母体 ）からもらった（ 免疫 ）が弱まり（ 感染症 ）にかかりやすくなるため（ 予防接種 ）が必要となります。生後すぐは予防接種の（ 種類 ）、（ 回数 ）が多いので計画的に接種しましょう。

P32〜41 幼児の記録 P42〜49 成長曲線 P106〜116 幼児の生活

幼児期は（ 乳児 ）のような身体の大きな（ 成長 ）は見られなくなりますが、（ 言葉 ）の発達、（ 運動 ）能力や（ コミュニケーション力 ）は大きく成長します。また（ 基本的生活習慣 ）が身につく頃です。

☆子育て相談☆ 以下のところで子育て相談ができます。

子育てで疑問に思うこと、気になること、どんなに些細なことでも相談できます。

この時期、保健センター、小児科、子育て支援センター、市・区役所（子育て支援課）、児童相談所

□母子健康手帳を見て気付いたこと・感想などを記入しましょう

母子健康手帳　　　　1年　組　番　氏名

□配布された母子健康手帳を見ながら①〜④についてまとめてみよう。

① 妊娠中の食事で気を付けること

② 父親になるための準備として積極的に行ないたいこと

③ SIDSとは何でしょうか。またその予防方法

④ 赤ちゃんの虫歯を予防する方法

母子健康手帳は住んでいる地域の（ 保健センター ）や市・区役所などで交付されるものです。（ 妊娠の経過 ）や出生後の子どもの（ 予防接種 ）、（ 身長や体重 ）などを記録できるものです。

母子健康手帳の交付と同時に（ 妊婦健診 ）の費用を補助してくれるチケットや地域の子育て情報を提供してくれるものを必ず届け出で、手帳を交付してもらいましょう。妊婦に代わって代理人が交付手続きをすることもできます。

P1 出生届

出生届は（ 14 ）日以内に市・区役所に提出します。

その際、母子健康手帳も持参し（ 出生届済証明 ）を各市町村より記入してもらいます。

P2〜13 妊婦の健康記録 P59〜75 妊娠・出産に関わること

妊娠することで（ 母体 ）は大きく変化し、それに伴い（ 生活 ）も変化します。この時期、（ 家族 ）のサポートは重要です。家族とともに（ 生活を見直す ）。そして（ 物質 ）にも（ 精神的 ）にも赤ちゃんを迎える準備をします。

☆精神的準備☆

（P61〜63「お父さん、お母さんの心の準備」を参考に）

☆物質的準備☆

（赤ちゃんのお世話をするためにどのような物が必要か考えてみましょう）

1：誰もが大切にされる

命に対する責任 ～人工妊娠中絶から命について考える～

		評価	知 思 態
●科目 家庭総合	●時間のめやす　2時間		
●履修学年（人数）　2学年（35人×6クラス）ほか		ワークシート	

<**目的**>

　命の大切さについて人工妊娠中絶を取り上げ、命に対する責任について考えさせ、保育分野を教える導入にする。

<**内容・方法**>

1時間目 知 思

①自分の名前の由来をワークシートに記入。自分の名前という1番身近なものから命を考えはじめる。

②人工妊娠中絶と言う言葉を知っているかを問う。人工妊娠中絶の件数及び年次推移の表を見て全体や10代の件数がどれくらいあるかを理解する。自分たちと同年代の女性の人工妊娠中絶の件数も多いことを理解する。

③人工妊娠中絶の実態や母体保護法で認められている場合について説明を聞いて理解する。

命に対する責任　　　　2年＿＿＿組　　　番　名前＿＿＿＿＿＿＿＿
あなたの名前の由来を教えてください。

人工妊娠中絶という言葉を知っていますか？（教科書P42）
　　　　　　YES　　　　　NO

表7　人工妊娠中絶件数及び実施率の年次推移

（単位　件）　　　　　　　　　　　　　　　　　　　　　　　　　各年度

	平成20年度('08)	21年度('09)	22年度('10)	23年度('11)	24年度('12)	対前年度 増減数	増減率(%)
総　数	242 326	226 878	212 694	202 106	196 639	△5 467	△2.7
20歳未満	22 837	21 535	20 357	20 903	20 659	△244	1.2
15歳未満	347	395	415	406	400	△6	1.5
15歳	976	947	1 052	1 046	1 076	30	2.9
16歳	2 771	2 548	2 594	2 831	2 701	△130	4.6
17歳	4 247	4 031	3 815	4 099	4 038	△61	1.5
18歳	6 071	5 683	5 190	5 764	5 344	80	1.5
19歳	8 425	7 931	7 291	7 257	7 100	△157	2.2
20～24歳	56 419	51 339	47 089	44 087	43 269	△818	1.9
25～29歳	51 776	48 621	45 724	42 708	40 900	△1 808	4.2
30～34歳	49 473	45 847	42 206	39 917	38 362	△1 555	3.9
35～39歳	43 392	41 644	39 964	37 648	36 112	△1 536	4.1
40～44歳	17 066	16 544	15 983	15 697	16 133	436	2.8
45～49歳	1 379	1 302	1 334	1 108	1 163	55	5.0
50歳以上	22	27	25	21	14	△7	33.3
不　詳	12	19	17	17	27	10	58.8

これを見てどう考えますか？

ワークシート一部抜粋

2時間目 思 態

①中絶方法に関する映像教材を視聴して感想を書く。

②漫画「透明なゆりかご」※の一コマを読み、中絶による影響について考える。4～6人のグループを作り、吹き出しに入る言葉を各グループで討議させる。各グループ発表をする。
※「透明なゆりかご　産婦人科医院 看護師見習い日記」沖田×華（講談社）

●指導のポイント・おすすめする理由など

・映像は少しショッキングなものを含む場合は注意が必要だが、その分インパクトがあり生徒たちは深く考え、感想では多くが印象に残ったと書かれていた。

・漫画を教材として使ったため生徒たちは興味を持ちやすかった。（貸し出しなどができるとなお良い。）

・グループ学習を取り入れることにより、他の生徒の考えも聞くことができ、ワンパターンではない授業展開ができた。

第2章　あんころでGO！　保 共 体 言 横 福

24

乳幼児の心身の発達を理解する ～ロールプレイングを通して言語の発達を考える～

●**科目** 家庭基礎	●**時間のめやす** 1時間	●**評価** 知 思 態
●**履修学年（人数）** 2学年（40名×3クラス）		ワークシート

<**目的**>

　乳幼児の心身の発達の特徴についての理解を深め、子どもがもつ自ら育つ可能性を知ると同時に適切な養護や支援のあり方について、言語の発達のロールプレイングを通して考えさせる。

<**内容・方法**>

1　子どもの心身の発達とは何か 知

　乳幼児期は一生を通じての人間の発達の基礎を作る最も重要な時期であることを学習する。

2　言語の発達とは何か 知

　個人差が大きいが1歳を過ぎる頃になると、意味のある単語を言い始める。まず、一つの単語でその時に応じて色々と伝えることができることを知る。

3　ロールプレイング 思 態

　「ママ」と一言ではあるが、多くの思いがこめられている語彙である。教科書に例として出ているが、説明だけでは理解できたとは言いがたい。そこで、簡単なロールプレイングを行うことにより、表現させた。また、日常を振り返り生徒たちも言葉だけでは、思いが通じなかったことがあるのではと問うた。そこから、言葉の中にある感情に思いをはせ、相手を思いやることについても考えさせることができた。

　　<例>　　一語 「ママ」　 ア、行かないで　イ、おなかすいたよ　ウ、だっこして

　　　　　　　アからウの感情をこめて「ママ」と発する。

　　　　　　　子ども（1歳児）役　　母親役　　2人1組で3回実施

　　　　　　　教室の前で演技した。（前もってお願いする）

「ア、行かないで」の場面

<**生徒の感想**>

・観ていても満足した授業であった。

・一つの言葉の中に多くの感情が入っていることに気づいた。

・子ども役が上手にできた。

●**指導のポイント・おすすめする理由など**

　「ママ」という短い言葉に込められた意味をロールプレイングにより体験することで、自分の幼少期を振り返り、子どもの心身の発達や保育のあり方に関心をもつことができる。

指人形の製作と発表

1：誰もが大切にされる

●科目	家庭基礎	●時間のめやす	8時間	●評価	知 思 態
●履修学年（人数）	3学年（40人×8クラス）ほか			ワークシート、作品、発表	

第2章

あんころでGO！

保 衣 共 体 言 キ 横 福

<目的>

　児童文化財である人形劇を作り上げる中で、乳幼児の心身の発達の特徴について理解を深め、子どもとのかかわり方を考えさせる。

<内容・方法>

1、2時間目　子どもの心身の発達について理解する。知
・DVD「幼児の生活と家族」（教育図書　NHKDVD教材）を視聴し、子どもの心身の発達や遊びの意義について理解する。
・指人形の製作の説明と準備
フェルト・型紙・刺しゅう糸のセット教材（優良教材株式会社　かんたん指人形NEW）を使用する(手が大きい男子には、型紙を拡大コピーして生徒に配布する)。

3、4時間目　指人形を作製する 知 思
・指人形の製作
・班編成および人形劇創作　2〜6名の編成とし、発表内容を考える。

5、6時間目　あらすじの提出、発表順の決定 思 態
・台本作り　あらすじ・配役等を決め、劇を創作する。
・発表練習　内容や言葉遣い、表現方法が適切か考える。

7、8時間目　発表 思 態
・発表・評価
人形劇舞台を使い、5分以内で発表し、相互評価する。

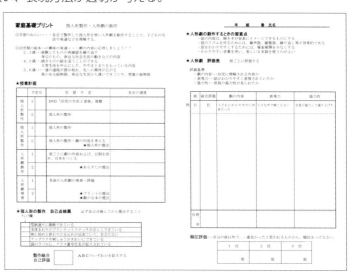

●指導のポイント・おすすめする理由など

　普段、幼児とふれあうことのない生徒たちであるが、自分自身の幼児期を思い出しながら楽しく参加できる内容である。「おおきなかぶ」や「桃太郎」などの話をもとに作る班もあるが、独自に創作した話もある。グループワークが円滑に進められるように、時にはアドバイスが必要であるが、互いに意見を出し合い、工夫を重ねながら作り上げていく過程は、最近不足しがちなコミュニケーション能力を高める場となっている。

1：誰もが大切にされる

封筒パペットで人形劇をしてみよう！

●科目 子どもの発達と保育 ●時間のめやす 6～8時間	●評価 知 思 態
●履修学年（人数） 3学年（36名×1クラス）	作品、ワークシート

<**目的**>

絵本やお話に親しむことが子どもの想像力と思考力を高める活動であることを理解し、言葉やイメージが豊かになるような援助の方法を人形劇の作成を通して考えさせる。

<**内容・方法**>

【材料・用具】　封筒（長計3号A4横三つ折り）（茶・白・他）（手が入る大きさ）
折り紙・色画用紙・板目紙・毛糸・布・綿(その他いろいろあると発想が広がる)
文房具（マジック・色鉛筆・テープ・のり・カッター等）

【作り方】　封筒に指の出る穴を開け、厚紙や折り紙などで耳や髪の毛など自由に付ける。

【配布プリント】　感想記入用紙（各班のお話のタイトル、あらすじ、班員の名前を記入）を作成する。

【授業展開】

①ストーリーを組み立てる方法などを解説し、6名の班でストーリー（6分）を考える。知思態
②あらすじを提出する。
③パペット、背景などを作る。知思態
④発表の練習をする。態
⑤各班の発表を行う。知思態
⑥お互いの発表を見てプリントに評価、感想などを記入する。思態
⑦自分の班の発表が他の人にどのように評価されているのか確認し、振り返る。
（実際にこども園などで、子どもたちに評価してもらうとなお良い。）思態

●**指導のポイント・おすすめする理由など**

思った以上に熱心に取り組み、背景にも力を入れるなどクオリティーの高いものができ、生徒自身も満足していた。保育の壁面構成や被服の授業で余った折り紙や毛糸、布などを封筒に張り付けるだけなので、とても簡単にできる。針と糸を使って作る人形よりも自由度が高く、取り組みやすかったのではないだろうか。ストーリーは既存のもののアレンジもあるが、奇想天外な展開となるなど、生徒も楽しく授業に取り組むことができた。

封筒パペットで人形劇をしてみよう！	3 年　組　番　氏名		
発表順	タイトル／発表者（リーダーに○）	あらすじ	感想
1	ぞうさん幼稚園と子どもたち ○菊池 赤間 越川 豊田 山崎	ぞうさん幼稚園に向かう子どもたちを乗せたバス。その中で子どもたちに様々な出来事が起こった。お弁当をわすれたカバのカバオくんは果たしてどうなったのか。そしてさらにリスのりっちゃんに起こったことは…。どうなるりっちゃん！？	
2	三匹のあひる ○今井 大口 田中 戸村 武田	あひるのドナから「一人暮らしをしてみようよ!!」と言われたヒュー、ドゥー、ルー!!家を建てて、一人暮らしを始めたのはいいけれど、そこにコワーイきつねがやって来て…！？	
3		各班のあらすじ等を載せた感想記入用紙です。記入後カットして班ごとにまとめ、綴じ紐などで束にして各班に戻し、自分たちの発表がどのように評価されている	
4			
5			

第2章　あんころでGO！　保 共 体 言 キ 横 福

27

絵本の読み聞かせを通して保育のあり方を考える

●科目 家庭基礎	●時間のめやす　2時間	●評価	知　思　態
●履修学年（人数）　1学年（40人×6クラス）ほか		ワークシート	

<**時期**>

　保育分野の学習のまとめ

<**目的**>

　保育分野のまとめとして絵本の読み聞かせを設定することで、子どもに絵本の読み聞かせをする効果や読み手との関わりについて親や教育者の理解を深める。また、生徒同士で読み聞かせを行い、子どもの視点で絵本について考える。

<**内容・方法**>

1時間目 知 態

　絵本と発達段階の関係や絵本の効果、読み聞かせとは何かについて講義した。教科書をもとに、乳幼児の年齢においてどのような絵本が効果的とされているのか、実際にある絵本の画像をもとに話した。その後、次回は実際に生徒同士で読み聞かせを行うことを伝え、生徒一人一人が絵本を選ぶ時間とした。幼い頃の思い出や挿絵の美しさ、テーマなどを理由に選ぶ姿があった。絵本の選定後は、読み聞かせの練習時間を設け、授業のまとめとして、「ママがおばけになっちゃった！（講談社）」の絵本の読み聞かせ動画をもとに、生徒に読み聞かせのポイントを指導した。(https://www.youtube.com/watch?v=IrqO4eSqRC4)

絵本を選んでいる生徒の様子

2時間目のワークシート

2時間目 ㊙㊙

　グループでの読み聞かせを行った。4人1組になり、読み聞かせ（5分程度）→聞いている人からの講評（2分）、といった流れで相互評価を行いながら進めた。読み聞かせを行う生徒はもちろん、聞いている側の生徒が様々な反応を示し、とても和やかな雰囲気の中行われた。最後には、絵本の価値について講義をした後、2時間の学びを振り返って授業が終わった。読んでみて、聞いてみて、絵本に触れてみて、いろいろな学びがあったようだった。

<生徒の感想>

・絵本は小さい頃すごく好きだったけれど、私たちが読む小説などと比べて結末がよく分からなくて「何が面白かったんだろう…？」と思った。でも、そういう終わり方をするからこそ想像力や感性が育つのかなとも思った。

・今改めて絵本を見ると、「これ読んだな…」とか「これ好きだった」と思うものがたくさんあって、成長してからでも覚えているということはきっとそれだけ刺激を受けたということだと思うので、幼少期の読み聞かせは大切だし、自分にもし子どもができたら読んであげたいと思った。

グループでの読み聞かせの様子

●指導のポイント・おすすめする理由など

　絵本の収集は司書教諭に依頼し、県立の図書館や近くの図書館から3〜4歳児向けの絵本を60冊程度集めてもらった。対象年齢や冊数など、担当するクラスや生徒の実態に合わせて絵本を選べるとよいと感じた。また、生徒の中には自分の家にある絵本を持参するものもいた。

　いつもは教師の評価が主になっていたが、今回は相互評価とし、生徒同士で評価をした。中にはただの感想のようなものもあったが、お互いをよく見るという点ではとても意味があったように感じた。

　多くの生徒が意欲的に絵本に関わっていたことや楽しみながら絵本を選ぶ生徒の姿が印象的だった。高校1年生という学年の実態も関係しているかもしれないが、どんな生徒にも1冊くらいは自分の成長に影響を及ぼした絵本があるのだろうと感じた。子ども時代に読んだことのある絵本でも、高校生の今読み返すことで、新たな気付きや学びを得ることができるのは絵本のよさだと実感した。

　発表の仕方は、時間の都合上4人1組で行ったが、班構成やタイムスケジュールを再考し、大人数の前で読み聞かせを行う経験を積ませることも必要だ。

1：誰もが大切にされる

保育実習のお土産をつくろう ～ひゃくめんそうえほん～

●**科目** 子どもの発達と保育　　●**時間のめやす** ４時間　　　　●**評価** ㊝ ㊝ ㊝
●**履修学年（人数）** ３学年（６人×１クラス）ほか　　　　作品、発表、ワークシート

<**時期**>
　保育実習前・子どもの基本的生活習慣の学習と合わせて実施。

<**目的**>
　身近な用具を利用して、幅広い年齢層に使用できる「ひゃくめんそう絵本」をつくり、実際の幼稚園実習に活用する。

<**目標**>
①子どもの基本的生活習慣を理解する。
②折り紙、折り図を理解し、きれいに折ることができる。
③対象年齢に適した話の構成を考える事ができる。
④発表する。

<**内容・方法**>
①子どもの基本的生活習慣について学ぶ。㊝
②喜怒哀楽の感情表現（表情）を活用して、絵本の構成を考える。（ワークシート）㊝
③折り紙、折り図を理解し、ひゃくめんそう台紙をつくる。㊝㊝
④絵を描く。㊝㊝
⑤発表練習 ㊝
⑥発表 ㊝
⑦まとめ ㊝

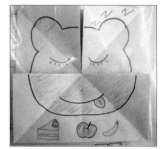

●**指導のポイント・おすすめする理由など**
・材料準備が手軽である。
・Ａ３上質紙を配布し、正方形を作り、切り取って台紙とする。残り部分で顔の型紙を作ることで、統一した主人公の輪郭が描きやすくなる。
・段階を追った構成ができ、絵の苦手な生徒でも型紙を使用することで簡単に絵本作りができる。
・生徒の発表の場を設定しやすい。
・ストーリーがなくても、ひゃくめんそうとして使用でき、適応する年齢が幅広い。
・大勢に向けて発表するには、台紙が小さく見づらいため、少人数での発表が適している。

第2章　あんころでGO！　㊝㊝㊝㊝㊝㊝㊝㊝㊝

<ワークシート>

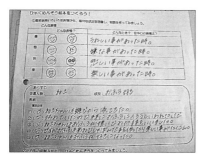

参考資料

日本のおりがみ事典

山口　真著／ナツメ社

<作品例>

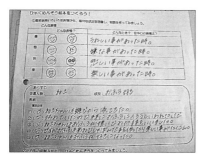
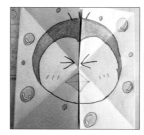
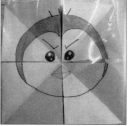

<発表の様子>

保健室とコラボした調理実習 ～歯によい子どものおやつを考えよう～

●科目 家庭基礎	●時間のめやす　4時間	●評価　㊟　㊟　㊟
●履修学年（人数）　2学年（40人×9クラス）ほか		ワークシート、行動観察

＜目的＞

　本校では、保健室・保健委員会を中心として「歯と口の健康教育」に取り組み、平成27年にはその取り組みが評価されて文部科学大臣賞を受賞している。そこで、そのような本校の特徴を生かし、保健室と家庭科が協力して「歯によいおやつ作り」の授業を立案した。家庭科の授業に養護教諭による講義と指導を取り入れ、歯によいおやつ作り（調理実習）に取り組み、保育者の責任と生涯にわたる歯と口の健康について考えさせることを目標とした。

　本実践では新しい試みとして、市内の専門学校（こども福祉学科）に御協力いただき、学生に「歯に良いおやつ」を選んでもらった。

＜内容・方法＞

1　実習前、メニューを決める際に、養護教諭に「歯と口の健康とおやつ」について30分程度の講義をお願いする。㊟㊟

　※主な講義内容：①う歯の原理、②歯によい食品、③噛むことの大切さ、④歯によい食べ方

2　以下の条件を満たす具材を考えて、蒸しパンを作る。㊟㊟

　①う歯になりにくい　②噛みごたえがある　③栄養価が高い　④おいしくておやつとして楽しい（参考：教育図書刊『あんころ』p.75「蒸しパンバラエティー」）

3　実習中、養護教諭にも見学してもらう。可能な範囲で試食もしてもらう。

4　専門学校にメニュー一覧を渡し、よいメニューを選んでもらう。

　（1位には3点、2位は2点、3位には1点を付けて合計し、上位10班を選出）

5　選考結果を授業内で発表し、教師による講評を行う。㊟

　選考結果

　　1位　栗蒸しパン　かぼちゃ入り蒸しパン

　　2位　はちみつがけりんご蒸しパン　ココアバージョン・抹茶バージョン

　　3位　りんごとさつまいも　　ベーコン・ほうれん草・チーズ

●指導のポイント・おすすめする理由など

　自由献立なので、生徒は大変意欲的に実習に臨む。また、専門学校の学生に評価されるということで、緊張感を持ってメニューを考えることができた。また、蒸しパンは簡単で失敗が少なく、どのような具材を入れてもおいしくでき、大人も満足できる。蒸し器を使った簡単な調理の実習としてもお薦めできる。今後は、優秀作品を小冊子にまとめ、校内に掲示したり、授業での過年度の作品を紹介したりすることに活用していきたい。

要介護認定調査をロールプレイングで学ぼう

●科目　家庭基礎	●時間のめやす　1時間	●評価　㊩　㊬　態
●履修学年（人数）　2学年（40名×7クラス）		ワークシート

第2章　あんころでGO！　㊼㊛㊚㊒㊤㊎㊐㊠

<時期>

高齢者体験の授業の後

<目的>

　要介護認定調査のロールプレイングを通して、介護保険制度や介護サービスの仕組みについて体験的に理解を深める。また、高齢者が老化によって、日常生活を思うように過ごせなくなってしまったり、調査員の方が来訪すると気合いが入ってしまって普段以上に動けたりする実態を知る。

<内容・方法> ㊩㊬

1　4人1組で要介護認定調査のロールプレイングを行う。グループ内で担当を決めて、台本を読みながら調査の流れを掴む。

　　①母親（82歳　高齢者）　②息子A（52歳）　③息子B（50歳）　④認定調査員

　　[設定] 高齢になった母親に介護サービスを受けさせるために、自宅で認定調査が行われる。

2　台本の中で、調査員は母親とその家族に質問をし、アドリブを入れたりしながら実施する。

3　普段母親は介助を必要とするが、介助なしで簡単に立ち上がることができてしまい、息子たちが驚いて完結する。

●指導のポイント・

　おすすめする理由など

　高齢者が身近にいない生徒が多いと考えたため、体験的な学びを取り入れることで少しでも高齢者分野に興味を持てるようにした。

　また、最後になぜ立ち上がれてしまったのか、普段以上に動ける姿を見せてしまうことで何に影響してしまうのかなどを理解できるよう、ロールプレイングが終わった班から立ち上がれた理由を問いかけし、最後に丁寧に解説を行った。

　生徒はロールプレイングを楽しみながら、「実際にどのような調査が行われているのかを知ることができて良かった」という声があった。

使用した台本

R3 家庭基礎―11③

要介護認定調査　寸劇

要介護認定のため、今日はかたくりさん（82歳）の家に、認定調査員がやってきます。
かたくりさんをいつも介助している、長男のはくなんさん（52歳）と次男のますおさん（50歳）も同席します。

はくなん：今日は認定調査員の方がいらっしゃる日だよ、母さん。
ますお　：そうだよ、忘れてない？大丈夫？
かたくり：あぁ、そうだったね。誰かと会うのは久しぶりだからなんだかうれしいよ…
調査員　：（ピンポーン…）
　　　　　こんにちは、かたくりさんの要介護認定のために参りました、柏市市役所の職員の●●です。どうぞよろしくお願いします。
かたくり：わぁお客さん、いらっしゃい。
ますお　：ありがとうございます、どうぞ上がってください。

```
調査員の方が本人・その家族に聞く　質問例
★いくつか聞いてみよう！
・名前・生年月日を教えてください。
・ごはんは作れますか？買い物はできますか？
・トイレは一人で行けますか？　・着替えは自分でできますか？
・金銭の管理はできていますか？

実践編
・しゃがめますか？・片足で立てますか？
```

　　　　～　調査中　～

★各班アドリブでどうぞ。
質問はいくつか聞いてみましょう。

調査員　：いつもかたくりさんが椅子から立ち上がる時は、息子さんが介助しながら立ち上がっているのですね。
はくなん：はい、そうです。
調査員　：それではかたくりさん、いつも通りでよいので、立ち上がろうとしていただけますか？
　　　　　（息子さんが介助しようとすると…）
かたくり：どっこいしょっと。（介助なしで立ち上がる）
ますお　：えっ！！…いつもは介助しないと立ち上がれないのに…。　　=完=

感想

年　　組　　番　氏名

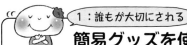

簡易グッズを使った高齢者擬似体験

●科目	家庭総合	●時間のめやす　1時間	●評価	知　思　態
●履修学年（人数）	2学年（40人×8クラス）ほか		ワークシート	

<**目的**>

　高齢化に伴う身体機能の変化による軽度な不都合と関節の痛みを疑似体験する。

<**簡易グッズを使うメリット**>

1　（安価で多めに道具を準備できるので）手軽に体験実習が行える。

2　華奢な作りのものの方が力任せの強引な動き（曲げ）が制御されて、弱さを意識できる。

3　痛みを、代替の感覚（セロテープが切れるときの断裂音や心理的衝撃）で認識させられる。

<**道具**>

実習室の班（4人程度）で共有するが、道具の数次第で教室実施も可能な内容である。

道　具	（班ごと等の）個数	備考・留意点
ゴーグル	1個～／班	＊1＜視野狭窄ゴーグルの作り方＞参照
肘サポータ	1～2つ／班	クリアファイル1枚で1つ ＊2
膝サポーター	1～2つ／班	〃　　　2枚で1つ
手袋（上用・軍手）	人数分／組	＊3　＊利き手のみ
手袋（下用・綿手袋）	合計で人数分／組	S：数枚、ML：各20枚位／組
足首用ダンボール	1個／班	カットしたダンボール箱　＊4
小豆	小さじ2くらい／班	150g（1カップ）／組　＊5
平皿、お椀、箸	各2枚、2膳／班	丸箸、滑り止め無しがいい
色鉛筆	赤、黄、青、緑　各2本／班	6角は握りやすい
シャープペンシル	1本以上／班	ドクターグリップ　＊6
セロテープ	1～2個／班	ちぎれやすい方がよい
固さの違う椅子	木製角型椅子 4個／部屋 一人用ソファー 1個／部屋	田の字にまとめて座面を広くする ソファーは応接室等から借りる

<**用具の調達方法・管理の留意点・使用上のポイント**>

＊1：市販の粉じん除けの作業ゴーグルから手作り可能（写真②）。作る場合は、事前に事務
　　　方に材料費の出所を相談・確認しておく。

＊2：クリアファイルは、進路室などから古いものをもらう等もあり。

＊3：使用後はネットに入れて洗濯し、乾燥機にかける。きついぐらいがよく、縮ませてよい。

＊4：上履きごと、上部（ふくらはぎ）・足首・甲を巻く。足首は8の字に巻きつける。（写真④）

＊5：あずきの量は 10～15 粒程度。（密に入っていると、箸で取りやすくなってしまう）

＊6：落とし物係の先生に声をかけておき、落とし主不明で廃棄になる物を引き取る。ホルダー
　　　部が折れていても問題ない。

<**視野狭窄ゴーグルの作り方**>

1　防塵ゴーグルの視点辺りに丸く切ったビニールテープ（16mm の丸シール）を貼る。

2　空気抜きの穴があればガムテープで塞ぎ、不透明のペンキ（圧迫感が少ない灰色）で内側
　　からスプレーする。遮光度は適当でいい。

3　2が乾いたら1をそっとはずし、黄色の透明ペンキを塗る。スプレーは液だれや指跡付き
　　でくすんだ状態でもよい。（黄斑変性のゆがみで見づらくなっている状態の説明にもなる。）

4　ペンキの揮発ガスは強いので、2～3週間以上充分に陰干しをする。

写真① 小道具 全体

写真② ゴーグル

写真③ ダンボール切り抜き

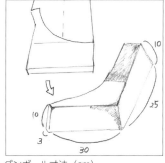
ダンボール寸法（cm）

写真④ 足首8の字テープ

<**内容・方法**> 「ちょっと年をとってみよう」授業プリント (抜粋) (思)(態)

A 「指先・握力の低下」→手袋（二重）をはめ、教科書をめくり、本文をプリントに書き写す。
　　＊ドクターグリップ（ユニバーサルデザイン商品）と細丸軸の鉛筆に途中で持ち替える。

B 「視野狭窄・白内障」→ゴーグルを装着して色鉛筆でプリントに文字を書く。
　　＊途中で（よそ見をして）手も目線も離し、続きの場所を探して続きを書く。
　　＊ホワイトボードに貼ってある「標識・色違いカード」を見る。

C 「指先・握力の低下」→手袋をはめ、器に入った小豆を塗り箸ではさみ、平皿に移す。

D 「指先細かい作業の感覚低下」→手袋をはめ、平皿の小豆をつまみ、器に移す。

E 「動作範囲・関節の硬直と痛み」→肘のクリアファイルを輪にしてテープでとめ、はめる。
　　　　　　　　　　　　　　　　　背中をかく、髪をとかす動作をする
　　＊力を入れてテープが切れたら、断裂音や違和感は関節にはしる痛みだと想像する。

F 「膝・足首関節の硬直」→足首ダンボールをテープで固定。立ち、歩く。

G 「膝・足首関節の硬直」→膝のクリアファイルをテープでつなぎ、膝に軽く巻きつける。か
　　　　　　　　　　　　たさの違うイスに座って立つ。立ち上がりやすい順番とその理由
　　　　　　　　　　　　を考える。

<**指導のポイント・おすすめの理由**>

・不自由さを疑似体験することで、待てる・譲る気持ちを育成する。

・高齢者（片麻痺）体験用の頑丈なサポーターはがっちりと押さえる反動で力いっぱい動きが
　ちである。あえて華奢な装備にすることで力の加減を意識させる。

・痛みを経験させるかわりに、テープが切れる時の音や衝撃を刺すような痛みとしてとらえさ
　せる。

・生活のどのような場面で本人や周りの人が不都合さを感じるか考えさせることができる。

・できたことができなくなって一番イライラするのは本人であることに気付かせることができ
　る。

認知症に気付き、地域で支えよう ～認知症サポーター講座を参考に～

●科目　家庭基礎	●時間のめやす　2時間	●評価	知	思	態
●履修学年（人数）　1学年（40名×7クラス）ほか		ワークシート			

<**目的**>　認知症の症状について正しい知識を持ち、認知症に気づくことができるようにする。高齢者を地域で見守り、認知症高齢者とその家族を支えるにはどんなことができるか考える。

<**内容・方法**>

1時間目　認知症に気付き、地域で支えよう～認知症サポーター養成講座を参考に～

（1）認知症について知っていることを挙げる。知

（2）認知症とは？　医学的な定義を知る。知

（3）認知症の症状・・・認知症と物忘れの違い。知思

　①中核症状について（脳の細胞が壊れることによって直接起こる症状、治りにくい、記憶障害、見当意識障害、理解・判断力の障害、実行機能障害など）

　②行動心理症状について（本人の精神状態の安定や周りの理解により、治る可能性がある）

（4）認知症の人の気持ちを考えよう。思

　①排泄が間に合わず失敗してしまい、家族に手伝ってもらった。

　②「去年家族旅行で行った伊豆、楽しかったわね」と言われたが、行った記憶がない。

　③家族に「認知症かもしれないから病院に行こう」と言われたが絶対に行きたくない。

　・認知症に最初に気付くのは「本人」。認知症になったとき多くの人が、「私は何も忘れていない」と言い張るのは、行き場のない怒りや悲しみ不安から自分の心を守るための「自衛反応」と言われている。自分だったらどんな気持ちになるか、真剣に考えさせることで、高齢者への声掛けのポイントを学ぶ。

（5）認知症介護をしている家族の気持ちを理解する。知思

　・家族が認知症になったとき、家族も受け入れるまでに時間がかかったり、拒絶したりする。

　・孫の立場である高校生にもできることがあることに気付かせる。

（6）認知症の人と接するときの心構えを知る。知

　・驚かせない、急がせない、自尊心を傷つけない。

2時間目　認知症介護のこれから

　NHK プロフェッショナル　仕事の流儀　「その人らしさをみつめて　認知症ケアのプロ SP」（2019）を視聴し、認知症のプロから接し方の極意、先進的な認知症介護の取り組みを学ぶ。

●**指導のポイント・おすすめする理由など**

　この授業は、地域包括支援センターなどが実施している認知症サポーター養成講座を参考にしている。この講座は、介護福祉士、ケアマネージャー、看護師、保健師など介護の現場の方が来訪して講義してくださるもので、学校でも実施が可能である。講座で配布される冊子「認知症を学び、地域で支えよう」では、認知症について詳しく書かれており、高齢者分野の教材として大変興味深い。講座を実施できない場合でも、認知症のことを学んでほしいと思い、本授業に至った。今は元気な祖父母や地域のお年寄りも、いつ認知症になるかもしれない。初期症状に気づいたり、寄り添ったりして声掛けができたら、高齢者を地域で見守ることができる。孫として会いに行くだけでもいい、小さなことでも自分たちにできることがあることを学んでもらいたい。

1：誰もが大切にされる

どこまで知っている？ 〜年金のお話〜

●科目　家庭基礎	●時間のめやす　1時間	●評価	知	思	態
●履修学年（人数）　1学年（40名×8クラス）		ワークシート			

第2章 あんころでGO！

高 共 生 消 キ 横 福

＜時期＞

「高齢期の生活」や「経済生活を営む」を学習する時

＜目的＞

　年金の話をすると、「自分たちが高齢者になった時には、どうなっているのか？」という不安な声を聞く。年金は、高齢者の生活を支える老齢年金としてだけとらえられている場合も多く、その他のリスクにも備えたシステムであることを理解させ、20歳となった時に義務を果たすことの意味を考えさせる。

＜内容・方法＞

①老後に生活していくために、月どれくらいのお金が必要か？考える。(思)

②高齢者の生活は、どのような収入で賄われているか考える。(思)

③公的年金制度について理解する。(知)

④将来、どれくらい公的年金が支払われるのか試算してみる。(態)

⑤3つのリスク（老齢・障害・死亡）に備える公的年金制度について理解する。(知)

⑥学生納付特例制度について理解する。(知)

⑦これらを理解した上で、自分自身が20歳になった時に、年金を支払うのか？支払いたくないのか？考えさせ、その理由も答える。（公的年金制度は義務であり、本来は支払わないという選択肢はないことを伝える。）(思)(態)

⑧途中動画を視聴し、理解を深める。(知)

＜生徒の感想＞

　年金については、「本当に生活できるだけのお金がもらえるの？」「まだ関係ない」と考えていた生徒も、「将来の安心のために支払いたい」「家族のためにも払っておく」などと解答し、リスクに備えるためには、公的年金制度も自分の生活に必要なものであると認識することができる。

●指導のポイント・おすすめする理由など

・動画について … 年金だけに特化していないが、「Eテレ NHK高校講座　家庭総合 '高齢社会　いつか自分も…'」や、YouTubeでも厚生労働省からは「国民年金って本当に必要なの！講座」「（日本年金機構）20歳になったら国民年金」などの動画が公開されている。

・厚生労働省の「一緒に検証！公的年金」のページにはマンガで年金制度を説明しているものもある。

・新教育課程では「経済生活〜家計資産をマネジメントする〜」の中で、教育・住宅・老後資金として、奨学金・貯蓄と保険・公的年金制度など、人生に必要なお金として、学習しようと考えている。

37

高齢者やその家族の支援システム（介護保険制度）

●科目	家庭基礎	●時間のめやす　1 時間	●評価	知 思 態
●履修学年（人数）		3 学年（40 人× 16 クラス）ほか	考査、オンライン入力	

<目的>

介護保険制度の仕組みを理解する。高齢者の介護をする家族や事業者の状況を知る。

<内容・方法>

1　「介護するのは誰？」知

(1) 以下についてオンラインで回答させ、ホワイトボードに映写し、共有する。

　　①配偶者・子・子の配偶者・事業者・父母・孫　のうち最も多いものは？

　　②男性・女性　どちらの割合が多いか？

(2) 教科書のグラフ「要介護者と同居して介護している人の続柄と性別・年齢」を確認する。

2　「介護保険制度とは何だろう？」知

教科書で介護保険制度の概要を確認し、ノートにまとめる。

事前に「介護保険制度パンフレット英語版」を大まかな内容を読み取る程度にグループで分担して和訳する。生徒は内容を真剣に理解しようとするため大学入試の対策にもなる。

3　介護保険制度を理解しよう知

NHK「家庭総合」第 14 回 高齢者「"高齢社会"いつかは自分も…」の中の「介護保険・介護サービス　介護をめぐる問題」（5 分 13 秒）または、「高齢者を支える地域社会の役割」（5 分 55 秒）を視聴する。

4　本時のまとめ 思

学習内容、授業を通して考えたことをまとめ、Forms に入力する。（次回の導入時に意見を共有する。）

<生徒の感想>

・自分の家族を介護するときのことを初めて想像した。

・高齢者の生活と進学先で学びたい内容の関連、職業観について考える機会になった。

●指導のポイント・おすすめする理由など

「制度や法律＝難しい」と感じる生徒も、実際に使われているパンフレットを活用したグループワークの後に動画を視聴することで理解が深められる。正面から制度を説明するよりも、内容が頭に残りやすいと好評であった。動画は、ヤングケアラーと、地域全体で高齢者を支える仕組みに関する内容で、介護保険制度の学習をした後に視聴することで高齢者の生活についてイメージがわきやすい。前後の授業展開に合わせて適したものを視聴することをお勧めする。

<参考>東京都福祉局ホームページ　介護保険制度パンフレット外国語版（英語版）

https://www.fukushihoken.metro.tokyo.lg.jp/kourei/koho/kaigo_pamph.html

ライフプランを立てよう 〜人生の先輩に学ぶ〜

●科目 家庭総合	●時間のめやす　5時間	●評価　知　㉘　㉙
●履修学年（人数）　1学年（40名×6クラス）		ワークシート

＜時期＞

家族、高齢者、家庭経済などの学習を終えた1年生のまとめ

＜目的＞

職業、結婚、子育て、貯蓄・保険、介護など、ライフイベントやリスクなど知っておくべき知識を身に付ける。人生の先輩から直に体験談を聞くことでさらに理解を深める。ライフプランを作成し、人生で大切にしたいものを考える。

＜内容・方法＞

①「人生の先輩に聞いてみよう！」というテーマで、身近な大人に「人生の3大イベント」は何か、理由も含めてインタビューしてくる。（冬休みの課題）㉘

②ライフプランを立てるために、参考になるライフイベントについて教科書や資料集を参考にワークシートにまとめる。（2時間）㉙

③図書館で、ライフプランを立てる際に参考になる本を探して読む。（1時間）

　＊司書の先生に依頼し、職業選択、人生設計、保険、介護の本など様々なライフイベントに関する本のコーナーを作成する。㉙

④地域の方に講師を依頼し、「人生の先輩に学ぼう」をテーマに話を聞く。

　1クラス4名来校、10人1班に分かれてインタビュー形式で行う。事前準備として当日の名札を作成し、司会者、記録、お礼の言葉など役割を決め、全員が質問事項を10個考える。

（1時間）㉘

⑤ライフプランを立てる。卒業後のライフイベントを書き出し、必要な備えなどを考えるという簡単なもの。最後に「人生で自分が大切にしていきたいもの」を書いてまとめとし、各クラス数人ずつの文章を紹介するプリントにして配布し学年で共有した。（1時間）㉘

●指導のポイント・おすすめする理由など

家族や地域の方に人生について話を聞くことで、教科書のデータや資料だけでなく具体的なイメージがつかみやすくなった。特に、地域の方は年齢層の高い方が多く、核家族が多い生徒たちにとっては普段聞くことのできない話だった。どんな保険にいつごろ入ったのか、人生最大の買い物は何か、どうやって職業を選んだのかなど、実体験に基づいた話を聞けて、とても分かりやすく生徒の受け止めも深くなった。学生時代は「学ぶべき＆遊ぶべき」という話も多く、進路に向けて考えていかなくてはならない2年生になるタイミングで、頑張らせる良いきっかけになった。冬休みの課題とした「大人へのインタビュー」は、地域の方へ質問する時の練習にもなると思い取り入れたが、日ごろ聞けない親や祖父母の思いを聞くことができる良い機会となったようである。講師は地域活動グループの代表の方に依頼した。退職された方や子育てが一段落されて地域活動に参加できる方が中心であり、高校生を温かく見てくれる方々だった。終了後、生徒の感想（これからの課題、準備すること、心構えなど気づいた事）をまとめたものをお礼として渡した。

第5章 経済生活を営む　第9章 生活を設計する　　　　家庭総合 '18-25

ライフイベント〜ライフプランを立てるために〜

私たちはどんな人生を歩むのでしょう。夢の実現に向けて、自分の生活を設計してみよう。

I ライフイベントについてどう思っているの？

1 自分にとって働くということはどういうこと？

2 職業を選ぶときの基準はとても重要だと思うもの全てに○を付けよう。
（　）社会的評価の高い仕事である。　　　（　）人間的なふれあいを期待できるであること。
（　）自由にやれる仕事であること。　　　（　）興味が持てる仕事であること。
（　）安定した仕事である。　　　（　）初任給が高いこと。

3 結婚するかしないか当てはまる（　）に○をつけ（複数回答可）、選んだ理由を書こう。
（　）1人暮らしがしたい。
（　）結婚したい。
（　）子どもを（　）人持ちたい。

4 どこに住む？当てはまる（　）に○をつけ（複数回答可）、選んだ理由を書こう。
（　）アパートやマンションを借りる　（　）一戸建てを借りる
（　）社員寮に入る　（　）マンションを買う
（　）一戸建てを買う　（　）その他（　　　）

5 親の介護が必要になったらどうしたい？
（　）老人ホームなどの施設に入所　（　）在宅で自分が介護する
（　）在宅で兄弟姉妹に介護してもらう　（　）在宅で自分の配偶者に介護してもらう

高校卒業後のライフプランを立ててみよう

高校卒業後⇒

II ライフイベントについて、現在の状況を調べてみよう。

1 職業生活：働き方を比べる（空欄に説明文を書く。語句は当てはまるものに○をつける）　＊[　]参考資料ページ

	正社員	非正規雇用	
		アルバイト・パート	契約社員・派遣社員
特徴 P102[1]	雇用契約期間の定めが（　）雇用。	アルバイトは（　）パートは（　）の働き方を指すことが多い。	契約社員は（　）・（　）派遣は雇用主は派遣元企業だが、（　）に派遣されて働く。
昇給 P102[1]	ある ・ ない	ある ・ あってもわずか	ない
賞与 P103[4]	あることが多い ・ ない	ある ・ 出ないことが多く、出てもわずか	出てもわずか
退職金	ある ・ ない	ある・ほとんど出ない	ある ・ 出てもわずか
生涯賃金（2014年）資P11[4]	高卒 男　　万円 高卒 女　　万円	フリーター　　万円	
手当 資P10、P103	通勤 役職 扶養 住宅	通勤 役職 扶養 住宅	通勤 役職 扶養 住宅
保険 P103	健康保険 厚生年金保険 雇用保険 介護保険	健康保険 厚生年金保険 雇用保険 介護保険 ない	健康保険 厚生年金保険 雇用保険 介護保険
メリット 資P11	（　）が安定している	・好きな時に働ける ・2つ以上かけもちできる ・責任が（　）	・希望に合わせて（　）を選べる ・（　）勤務（　）や（　）を選べる
デメリット	（　）がある	（　）がある	・（　）が設定されていて、その後の契約の（　）がない。 ・派遣先企業の社員よりも（　）が低い場合が多い。

【職業を持つことについて、現状を知って考えたことは何ですか】

1年　　組　　番氏名

II ライフイベントについて、現在の状況を調べよう。

2 結婚生活 （ ）内は当てはまる語句に○をつける

平均初婚年齢 P23①	夫　　歳	妻　　歳	結婚にかかる費用 資P15 総額　　円

結婚生活の利点
【教P23④-①
からトップ3】

独身でいる理由
【教P23④-②
からトップ3】

3 子育て

子どもを持つこ
とに対する考え
方（多いもの）
【教P24①】

育児休業取得率 【資P28】	2016年⇒ 男性　　% 女性　　%

男性の育児参加
が進まない理由
【P30】
　　　　面での課題
　　　　面での課題
　　　　面での課題

就業継続	育休取得	離職して再就職	離職してパート

就業中断の生涯
金 (2005年) p252】 万円　万円　万円　万円

30代前半男性の
給与額 【教P103③】 1995年 約　　万円 2015年 約　　万円

中学まで教育費 【P105】 幼稚園・小学・中学全て公立 15年計　　円/私立　　円

1年間の教育費
2014年度
【資P15】

	小学校	中学校	高校	大学
公立	万円	万円	万円	万円
私立	万円	万円	万円	万円

4 貯蓄と保険

貯蓄の目的
【P106①】

貯蓄の種類
資口座P16
資P96

保険の種類 資P97
人の生死に備えるのは（　）モノの損失に備えるのは（　　）

保険と貯蓄の違い
資P96⑥
貯金のメリット
保険のメリット

ローンとは 目的に合わせた借り入れ
【教P107】 例（　）ローン、（　）ローン、（　）ローンなど

5 親の介護・自分の老後

高齢者の経済
【資P41④】
高齢夫婦の無職世帯 1ヶ月の実収入　　円 不足分　　円
60歳以上の単身無職世帯 1ヶ月の実収入　　円 不足分　　円

就業状況
【資P41⑤】
65歳以上 男性就業率　　% 女性就業率　　%

生きがい
【資P33】

6 人生の先輩に質問する 人生の先輩に質問する参考になる本をよもう。

タイトル
内容
感想

41

家庭科でＩＣＴ　Ｑ＆Ａ

　コロナ禍でGIGAスクール構想の実施が前倒しされ、千葉県では、令和3年度から公立学校にMicrosoft Teamsが導入されました。その後、Wi-Fi設備、貸し出し用のタブレット端末配布など、ハード面の整備が進んでいます。いよいよICT環境も次の段階へ、1人1台端末を活用した授業の実施、学校間で教員同士が指導案やオリジナル教材を簡単に共有することのできる時代の到来です。

Q1　家庭科の授業とICTって相性がいいのですか？

　⇒話し合いや発表など様々な授業形態を取り入れることが多い家庭科では、ICTの導入によって生徒の理解が深まったり、授業のリズムが良くなったりといった効果が期待できます。ただし、万能ではありません。使用しないほうが良い場合や、接続トラブルなども考えられるので注意が必要です。以下に活用事例を紹介します。

★教員が使う　〜一斉学習〜

インターネット環境あり
　ＮＨＫ高校講座やネット動画の視聴、市役所等のホームページの閲覧などをさせています。 動画世代の生徒には、集中力が持続する短い動画が効果的でした。

インターネット環境なし
・被服・調理実習では、教材購入の特典で利用できる動画や自作した動画を示範の代わりに活用します。動画を繰り返し再生することで質問が減り、個々を丁寧に指導できるようになりました。
・板書とスライドショー（PowerPoint等）を併用しています。生徒の理解を深めるための写真や図、動画、グループワークで意見を集約した用紙をスキャンしたものを組み込み、映写します。授業の振り返りや、新たな議論に活用することができるのでおすすめです。

★生徒が使う　〜 個別学習・協働学習 〜

タブレットで被服実習　…検見川高校の場合（詳細は p.48）

自宅での予習復習にスマートフォンを活用　…船橋北高校の場合

● Before		● After
前時に教えたことが次の時間にはきれいさっぱり忘れられ、教えなおすことに…	⇒	指定したYouTubeの動画で予習復習をするように指導。授業の理解度が上がり、技術も定着！

普段使いの ICT 〜 Forms で全員参加の授業〜　…八千代松陰高校の場合

● Before
個人の意見や話し合いの結果をもっと簡単に集約したい。全員が考え、参加する時間を増やしたい。

⇓

● After
Formsで意見の集約や知識を確認する。発言が苦手な生徒も参加しやすい。他者の意見から学ぶ機会が増え、生徒にも好評！

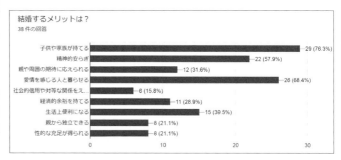

Q2　授業で使える、おすすめのツールはありますか？

⇒BYOD でも使いやすいカフート、
　1人1台の端末がなくても効果的なみエルもんを紹介します。

●Kahoot!（カフート）	●みエルもん
テレビ番組のような早押しクイズができるオンラインアプリ。教師のみアカウントが必要で生徒は端末から簡単に参加。結果はすぐに集計されるので皆で共有できる。色合いもポップ♪	ICT の活用＝1人1台の端末、とは限りません。教科書や作品、教員の手元などを黒板に大きく映し出せる書画カメラで、様々な展開が期待できそうです。

Q3　授業で ICT を使うときに気を付けることはありますか？

⇒準備をしっかり行い、機器の不調にも備えておくとよいです。

★トラブル対処法の共有と代替案の準備
　　動画が再生できない！Wi-Fi が繋がらない…！日頃から教員間で対
　　処法を共有しておきましょう。復旧に時間がかかるときは授業内容
　　を変更することも想定して準備しておくとよいでしょう。

★著作権・肖像権について再確認
　　授業内で、情報モラルについて確認します。ピースサインを添えた写真を指定することで、
　　無断転用を防止できます。デジタル教材は、使用可能な範囲を出版社等に確認します。

Q4　現在、プロジェクターを使って黒板に映写する活用はしています。今後、1人1台の端末を活用できるようになることで、授業はどのように変わるのでしょうか？

⇒教員と生徒がつながるようになります。小テストや、課題配信に活用する教科もありますが、コミュニケーション活性化と情報へのアクセスが効果的です。班単位の調べ学習で行ったスライドの共同編集はとても便利で、役割分担をしながら活発に活動できます。端末を使わないときは閉じておくなどルールを決めて授業にメリハリを持たせます。

⇒生徒も教員もうまく活用できるようになります。ICT 機器を使うことで、クラスによって違う理解度や雰囲気に合わせて授業展開を変えることができます。生徒も、「以前より考えるようになった」「全員が授業に参加している」と実感し、授業に前向きに臨んでくれます。デジタルとアナログの棲み分けが重要です。

＜失敗談から学ぶ＞

　授業全体の情報量が増え、生徒が疲れてしまっている…。授業の目的を踏まえて内容の精選をすべきだったなぁ。生徒が考えるゆとりを持たせたい。

　考えるようにはなったけど、じっくり読む・書く時間が減って、逆に知識が定着していない…？教科書・ノートの活用方法も改めて見直さないと。

　Forms に意見を入力させ、集約したかったがすでに生徒同士で会話が盛り上がっている。このクラスなら初めから発言させたほうがよかった～！

＜お助けリンク集＞
① Google for Education 活用ライブラリ（Google）https://lessonlibrary.withgoogle.com/intl/ALL_jp/
②教育の DX を加速する著作権制度～授業目的公衆送信補償金制度について（文化庁著作権課）https://sartras.or.jp/
wp-content/uploads/bunkachoshiryo_20210129.pdf

2：健康で豊かなくらし

衣服（布）の構造を知る ～繊維から糸を紡いでみよう～

●科目	家庭総合	●時間のめやす　2～3時間	●評価	知　思　態
●履修学年（人数）	2学年（40名×8クラス）		ワークシート	

第2章
あんころでGO！
衣
体
科

<時期>

　衣生活分野導入の時

<目的>

　私たちが身に着けている衣服（布）は、どのような材料でどのように作られているのか。布の原材料である繊維には、どのような種類や特徴があるのか、被服材料に実際に触れさせながら、布の材料や構造等を理解させる。

<内容・方法>

1　材料準備

①紙縒り　→　ティッシュペーパー（一人1/2枚）知

②繊維（綿）から糸を紡ぐ　→　綿花や綿打ち済綿（一人ひとつまみ）知 態

③糸から繊維（綿・絹）を取り出す

　　　　　　　→市販の木綿糸と絹糸（同色）を3本ずつ（長さ4cm程度）知 思 態

2　内容・方法

①何気なく身に着けている衣服（布）が、繊維を紡いだ（撚った）糸で作られていることに気づかせる。

②「紙縒り」製作で撚りをかける練習をさせてから、綿をひとつまみ取らせ「木綿糸」製作をさせる。同じ方向に繊維をねじり、撚りをかけることにより、ステープル（短繊維）でも1本の長い糸を紡ぐことができる原理を理解させる。

③市販の「木綿糸」と「絹糸」を配り、1本目は、糸の風合いや手触りなどの観察、2本目は、糸の撚り等の確認。3本目は、糸を解体して繊維を取り出させる。②と逆の工程を実践させることで知識の定着をはかる。更に「単糸」では強度が弱いので、通常使われる市販の糸は、双糸または三子糸で形成されていることやステープル（短繊維）とフィラメント（長繊維）についても併せて理解させる。

●指導のポイント・おすすめする理由など

　被服材料の学習は、難しくて苦手と感じる生徒が多いようだが、被服技術（紡績・染色・織物等）や布地の多様性を考えると奥が深い。普段、特別意識することのない被服材料ではあるが、私たちの生活から切り離すことが決してできない貴重な生活資源である。また、日本の繊維産業の衰退等、懸念されているさまざまな社会問題に触れるきっかけになる。「百聞は一見に如かず」であり、単純作業で楽しめる。実際に材料に触れさせ実践させることで、生徒自身の気づきが増え、被服材料に対する印象が変わる。

授業プリント

繊維から糸を紡いでみよう

「腕に撚（縒）りをかけて美味しい料理を作る」とか「撚（縒）りを戻す」という言葉を聞いたことがありますか？『撚（縒）り』という言葉には「ねじる」とか「ひねる」という意味があります。

「糸を撚（縒）る」とは、同じ方向に繊維をねじって1本の長い糸を紡ぎ出す作業のことです。

1．まずは『紙縒』を作ってみよう！！

（1）ティッシュペーパー（1枚）を2～3cmぐらいに細く裂く。（繊維の方向に注意）

→紙の原料は植物（木材）の繊維。

（2）端の方から、親指と人差し指を使って少しずつ撚りをかけていく。

コツ（その1）・・・紙を斜めにするとやりやすい。

コツ（その2）・・・ゆっくりと少しずつやること。

（3）端をつまんで、上向きにまっすぐ立てば大成功！

ここに『紙縒』を貼る

2．繊維から『糸』を紡いでみよう！！

（1）綿のかたまりから少しずつ繊維を引き出して、親指と人差し指で撚りをかけてみよう。

⇒【　糸紡ぎ　】の原理

ちなみに、撚りをかけた糸を（　単糸　）という。

ここに『糸』を貼る

3．糸から『繊維』を取り出してみよう！！

《木綿糸》…天然繊維の【　植物　】繊維
↓当てはまる語句に〇を付けましょう。

単糸・双糸・三子糸

ステープル・フィラメント

《絹糸》…天然繊維の【　動物　】繊維
↓当てはまる語句に〇を付けましょう。

単糸・双糸・三子糸

ステープル・フィラメント

Q1　綿はどうやって用意しますか？

　A　いろいろな方法があります。

　①　綿の繊維を購入する　手芸店、地元の布団店（綿打ち済みの綿）

　②　医療用の脱脂綿やカット綿で代用（糸を紡ぐには少し油分が足りません）

　③　コットンボールを購入する　教材会社、綿農園

　　＊千葉県には鴨川和棉農園があります。ワークショップで棉のことや糸つむぎも教えてもらえます。

　　　　　https://wamen-nouen.wixsite.com/official/about　（スマートホン）

　　　　　http://wamen-nouen.life.coocan.jp/index.html　（PC）

　④　校内で綿を栽培する

Q2　棉は学校でも栽培できますか？

　A　はい。5月ころ種をまくと9月ごろ開絮（かいじょ）します。植木鉢でも栽培できるので、教室で成長の過程を見せることもできますね。コットンボールをそのまま観察できることも良い点です。

ゆび編みとニードルフェルトボールで作るクリスマスリース

●科目　家庭基礎	●時間のめやす　3時間	●評価　㊗　㊙　態
●履修学年（人数）　2学年（40名×9クラス）		作品

＜時期＞

被服材料、織物、編み物、不織布について学習した後、12月中旬のクリスマスシーズン

＜目的＞

編み物、不織布の構造や特徴を知ることで、被服の取り扱いの理解へつなげる。

暮らしを豊かにする飾りを創意工夫して作る楽しみを味わう。

＜内容・方法＞ ㊗ ㊙

【準備】　・生徒へ各自好みの毛糸を一玉（多色使いをしたい場合は数玉）持ってくるように連絡する。

　　　　・毛糸以外に、リースの飾りに使いたいものも持ってきて良いと伝える。

　　　　・学校では羊毛、フェルティング針、フェルティングマットを用意しておく。

【作り方】1　毛糸2m×5本をそろえて端を結んでおく。（毛糸の太さによって本数を変える）

　　　　2　指2本分でゆび編みをする。

　　　　3　最後まで編んだら、リースになるように輪にする。

　　　　4　羊毛フェルト（ニードルフェルト）ボールを作る。

　　　　5　リースにフェルトボールをボンドでつける。

　　　　※ゆび編み、フェルトボールともにYouTubeの作り方動画を繰り返し再生しておく。

　　　　　毛糸があまり長いと重さできれいな輪にならない。

【作品を飾る】

　　　　出来上がったリースはその場で点検し、各自で自分のロッカーの扉に飾ってもらう。

　　　　飾ってある作品も点検する。

【作品】

●指導のポイント・おすすめする理由など

　実際に1本の糸がループ状に絡まっていく様子や羊毛が絡まりあって布状になる様子を見ることで理解が深まる。短時間で出来上がること、好みの毛糸を用意することでみんな違った作品に仕上がること、出来上がったリースを各自のロッカーに飾ると見た目も華やかで楽しい雰囲気になることなども良かった。以前、ゆび編みでアクリルたわしを作って、冬休みにそれを使って大掃除をする課題を出していたことがある。楽しく作る点では良かったが、「プラスチックごみ」のDVDを見せ、マイクロプラスチックの問題を考えたので、アクリルたわしをやめようと思った。生徒たちに、天然繊維の毛糸がお勧め、と伝えた。フェルトはボールだけでなく、雪だるまやサンタクロースを作る生徒もいて楽しんでいた。

ティッシュカバーの製作

●科目 家庭基礎	●時間のめやす　3時間	●評価	知	思	態
●履修学年（人数）　1学年（40名×7クラス）		作品			

＜時期＞

衣生活の実習の時

＜目的＞

手縫いの基礎を復習しながら生活に役立つ（うるおいを与える）ものを作る。

＜内容・方法＞

【準備する物】

バンダナ（50cm 四方くらいの大判ハンカチ）、裁縫セット、
ボタン2個、スナップボタン2個

1時間目　三つ折り・並縫い・まつり縫い 知
2時間目　スナップボタン付け 知
3時間目　ボタン付け 知

ワークシートより一部抜粋

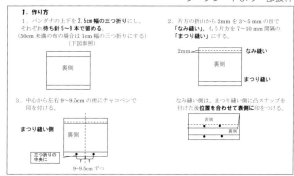

【作り方】

1　バンダナの裏面を上にして置く。
　　上下を 2.5cm 幅の三つ折りにし、それぞれ待ち針 5～9 本で留める。
　　（50cm 未満の布の場合は 1cm 幅の三つ折りまたは 2cm 幅の二つ折りにする）

2　片方の折山から 2mm を 3～5mm の針目で「なみ縫い」、もう片方を 7～10mm 間隔
　　の「まつり縫い」にする。

3　三つ折りした辺の中心から左右 9.5cm の所にチャコペンで印をつけ、スナップ付け位置
　　にする。

4　スナップボタンをつける。(2組)「なみ縫い」の方の表側に「凹」「まつり縫い」の裏側に「凸」
　　をつける。

5　「凸」のスナップを付けた表面にボタンを 1 つずつつける。

6　出来上がったカバーに、ティッシュボックスを置き、スナップで中央を止める。両端は
　　ティッシュボックスの大きさに合わせて結ぶ。（リボンで縛ったり、結び目を工夫してフッ
　　クにかけられるようにしても良い）

●指導のポイント・おすすめする理由など

・SDGs も意識して、幼い頃使ったバンダナや、残り
　布を持参するようにした。

・ティッシュボックス、布の大きさに合わせて三つ折
　りの幅を変えると良い。

衣生活に必要な基礎的な実技を身につける ～ICT機器の活用～

●科目 家庭基礎	●時間のめやす　1時間	●評価　㊜　㊝　態
●履修学年（人数）　1学年（40名×8クラス）		作品、実技試験（ボタン付け）

<**時期**>
　小物製作実習初回のミシン操作・ミシン練習時

<**目的**>
・ICT機器を活用してミシンの基本操作や基礎縫いの技術を習得する。
・「教師の模範作業の様子を動画にして生徒が自由に見られる状況」を作ることで、作業速度
　に合わせて見ることができ、理解しやすく自主的な取り組みにつながる。

<**内容・方法**>
1　小物製作（リバーシブルバッグ）計画（6時間）
　①ミシン操作、ミシンで直線縫い・角縫い、ボタン付け練習　|ICT機器を活用|
　②裁断・しるしつけ・わきを縫う
　③まちを縫う
　④持ち手ベルトをつける
　⑤袋口を縫う、仕上げ
　⑥ボタン付けテスト、提出用紙記入

2　授業の内容 ㊜㊝
　①2人1組でタブレット1台、ミシン1台を使用する。
　②ミシン操作（上糸セット・下糸セット・下糸の引き出し方）・待ち針の刺し方・直線縫い・
　　角縫いの動画を視聴しながらミシンを操作する。
　③直線縫い・角縫いを10cm角程度の布に練習する。
3　宿題を指示
　ボタン付けテストの予告をする。ボタン付け（2つ穴ボタン・4つ穴ボタン）の動画をTeams
　で配信し、自宅で見ながらミシン練習した布にボタンをひとつ付けてくることを宿題とする。

●**指導のポイント・おすすめする理由など**
・2時間目以降の製作中にミシンの使い方を質問する生徒はいなかった。うまく縫えなかった
　時に、何が原因か検証して自発的に行動して解決する力が身に付いた。
・ミシン糸セットのテストを行ったが、ほとんどの生徒が正しく実施できた。動画が印象に残り、
　知識・技術の習得に効果があると考えられる。
・ボタン付けは、宿題動画で予習した生徒が7割、予習しなかった生徒が3割であった。
・動画にしたことで、生徒が繰り返し知りたい情報をいつでも視聴できた。
・教師の負担（トラブル対応・進度差のある生徒の個別指導など）が軽減でき、教室全体を把
　握して指導が行き届いた。放課後に居残りをする生徒も減少した。

ひとえ長着製作で国際交流

●**科目** 被服　　　　●**時間のめやす** １時間

●**履修学年（人数）** ３学年（15名×１クラス）

●**評価** ㊜ ㊝ ㊟

考査、ワークシート

<**目的**>

　この授業は、長期留学生も参加する選択科目であり、将来浴衣を着て国際交流を図ることを目標に取り組んでいる。ひとえ長着の製作を通して、和服製作の基礎的な知識と技術を習得する。また、和服の着用やたたみ方についても学ぶことで、着用時の立ち居振る舞いや日本の衣生活に関わる伝統と文化について理解を深める、次世代に継承していく力と海外に情報発信していく力をつける。

<**内容・方法**>

年間の授業計画（全70時間）

1	和服の世界　着想・管理・立ち居振る舞い	（３時間）	㊜㊝
2	和服製作の基礎	（２時間）	㊜
3	材料の選定	（１時間）	㊜㊟
4	裁断・余布活用	（４時間）	㊜㊝
5	縫製	（58時間）	㊜㊝㊟
6	仕上げ・茶道体験	（２時間）	㊜㊝㊟

本時（40時間目）㊜㊝

　目標　袖の丸みの始末について理解し縫うことができる。

　準備　浴衣製作キット、実物見本、

　　　　　ミシン、アイロン、その他裁縫道具

　学習の展開

　　導　入　「袖の丸み」の場所の確認

　　展　開　見本を示しながら本時の内容の説明を聞く。

　　まとめ　進捗状況を確認し、次回の学習内容を知る。

<**生徒の感想**>オーストラリアからの留学生デイナの感想

Even though making yukata was a long process, I am very happy with the final result. I think I did my best and took a lot of care to make sure I was sewing correctly and nearly. Looking back I regret my choice of fabric as I don't think it suits my style, but I think when I wear it in the future I can use accessories to truly make this yukata my own.

●**指導のポイント・おすすめする理由など**

・長期留学生には、製作手順が記載されたパンフレットを英訳し、日本語での対応と併用している。生徒同士で教え合うことも異文化交流と互いの言語の習得の機会にもなる。

・各自で浴衣の柄を選び、体形に合わせたサイズで製作していくことで、長期にわたる作品製作のモチベーションをキープしていくことができる。

和服について学ぼう

●科目 服飾文化	●時間のめやす　3時間	●評価	知	思	態
●履修学年（人数）　3学年（23名×1クラス）		考査、行動観察			

＜時期＞

　1学期の着付けの授業の時

＜目的＞

　本校の生活科学科は、1年次に必修科目で家庭総合を履修し、2年次の選択科目「服飾手芸」で浴衣を製作している。その選択者が3年次には服飾文化を選択し、日本の伝統文化である和服の伝承と着装技術について、外部講師を招いて学習している。挨拶の仕方や和服での立ち振る舞いを学ぶことにより、日本の和服文化についての理解を深める。

＜内容・方法＞

1時間目 知 態

　1　浴衣の名称の確認（ゆき、肩幅、えり肩あき、袖口、身八つ口、身丈、おくみ、前幅、えり、かけえりなど）

　2　着付け道具の確認（半幅帯、伊達締め、コーリンベルト、和装用クリップ）

　3　着付け・文庫結び（外部講師に着付けを指導して頂き、自分で着付けをする。）

　4　たたみ方を学ぶ。

2時間目 態

　1　着付け・文庫結びの復習（自分で着付ける。）

　2　立ち振る舞いを学ぶ（和服での歩き方、会釈礼、敬愛礼、尊敬礼など）

　3　たたみ方を復習する。

3時間目 態

　1　変わり帯の結び方を学ぶ（蝶結び・片蝶結び・一文字結びについて学び、自分で着付けをする。）

　2　立ち振る舞いを復習する。（和服での歩き方、会釈礼、敬愛礼、尊敬礼などを確認する。）

　3　たたみ方を復習する。

＜生徒の感想＞

自分で作った浴衣を自分で着付けすることができるようになったから、夏祭りに着ていきたいと思う。

●指導のポイント・おすすめする理由など

　自分たちで製作した浴衣を使用することで、意欲的に参加することができる。選択授業で少人数展開（23人を12人、11人に分割）しているため指示も通りやすく、外部講師1人、教員2人により手厚い指導ができる。はじめはうまく着られない生徒も多くいたが、授業を重ねるごとに全員が素早く着装することができるようになった。

見えない油に気をつけよう

●科目 家庭総合	●時間のめやす　1時間	●評価　㊆　㊟　態
●履修学年（人数）　2学年（19〜38名×4クラス）		ワークシート

<目的>・五大栄養素の脂質はあまり良いイメージがないが、身体には必要なものだと知る。
　　　　・正しい知識を身につけ、何をどれだけ食べたら良いのか考えられるようにする。
　　　　・また栄養成分表示に興味を持ち、自分に合った商品購入ができるよう学習する。

<内容・方法>

1　脂質について学ぶ。㊆

　　①脂質とは1gあたり9kcalのエネルギーを作るエネルギー源　②細胞膜、ホルモン、
　　　胆汁酸の成分　③脂溶性ビタミンの吸収を助ける

2　脂肪酸の種類と働きと多く含む食品について学ぶ。㊆

　　グリセリンと脂肪酸、リン脂質、コレステロールについて

3　1日に必要なエネルギーを知る。㊆㊟

　　教科書や資料集に載っている推定エネルギー必要量を調べる。

　　脂肪エネルギー比率目標量（%）を調べ、適正脂質摂取量を計算する。

4　脂質の多い順に予想させる。㊟態

　　100gあたりではなく、実際に食べる量にする。学校の近くのコンビニの商品を用意する
　　と普段、目にしている商品なので興味が湧く。下記の5種類を選んだ理由は、ポテトチッ
　　プスやコロッケは油で揚げているので生徒も脂質が多いと考えられるが、サンドイッチや
　　さばなどは脂質が少ないイメージがあるので選んだ。

　　◎どのくらいとったら良いの？
　　15歳〜17歳（　男　・　女　）推定エネルギー必要量（身体活動レベルⅡ）⇒　①　　　　Kcal

　　適正脂質摂取量　①　　　Kcal × 0.25 = ②　　　　Kcal
　　　　　　　　　　②　　　Kcal ÷ 9kcal/g = ③　　　　g程度

　　○脂質の量を調べてみると・・・・・気をつけなければならないのは（　　　　　　　　　　）！

　　| 脂質の多い順番に並べ替えてみよう | 見えない油を見てみよう！ |
　　予想　①（　　　　　）②（　　　　　）③（　　　　　）④（　　　　　）⑤（　　　　　）
　　実際　①ポテトチップス（31.7）②さばの塩焼き（18.6）
　　　　　③サンドイッチ（18.5）④板チョコ（17.4）⑤コロッケ（10.9）

　　ポイント：おにぎり（0.8）とサンドイッチ（18.5）を比べ総合的な栄養バランスについて学ぶ。
　　ポイント：さばの塩焼きは脂質が多いが、不飽和脂肪酸でIPAやDHAを含んでいるので積極
　　　　　　　的に摂取してほしいことを伝える。

5　授業前に知っていたことと、授業後でわかったことについて感想を書く。㊟態

●指導のポイント・おすすめする理由など

　日々の食生活では脂質からとるエネルギーを20〜30%に抑え、飽和脂肪酸を不飽和脂肪
酸に置き換えることで生活習慣を予防できることを指導できる。また実習でバターをサラダ油
に置き換えた焼き菓子などを行うことで学びが深まる。答え合わせの時に挙手をさせると盛り
上がる。何気なく口にしているものの脂質の多さに驚き、成分表示を見ようという動機付けに
なった。

第2章　あんころでGO！　㊝㊔

実験で学ぶ栄養素 ～ビタミンを知ろう～

●科目 家庭総合	●時間のめやす 1時間	●評価　　知　⦅思⦆　⦅態⦆
●履修学年（人数） 2学年（35名×6クラス）		ワークシート

＜目的＞

5大栄養素の中のビタミンがどの食品に多く含まれているのかを知る。油に溶けやすい脂溶性ビタミンと水に溶けやすい水溶性ビタミンがあることを理解する。

＜内容・方法＞ ⦅思⦆⦅態⦆

①ビタミンの種類と働きについて学習する。ビタミンを多く含む食品を予想する。

②ビタミンCの存在を確かめる実験を教師による示範実験としておこなう。

・4人班で実験結果を相談し予測をたてる。

・実験を観察し、ワークシートに結果を記入。

・食品成分表を使って含有量を確かめる。

③カロテンの存在を確かめる実験は班ごとにおこなう。

・2種類の人参を見て、本体と煮汁の色や様子の観察

④実験からわかることをまとめる。脂溶性、水溶性ビタミンの特徴を確認し、調理の仕方によって摂取量が変わることを理解する。

（参考文献：『図解 家庭科の実験・観察・実習指導集』開隆堂（2002））

> ヨウ素溶液はグラスに入れた。試料を1滴ずつたらし色の変化を観察する。（ヨウ素液の茶色が消えたらビタミンCが含まれていると判断）色の変化がわかりやすいように後ろに白い紙を用意した。試料はレモン、大根、じゃがいも、キウイの4種類。個体はすり下ろして絞り汁を使う。前日の準備でも問題なく成功した。

> 人参は1cmの輪切りにして20個用意。10個は水で煮る。10個は油で煮る。煮汁と共に中が白い器に入れた。

＜ワークシート＞

V-1「ビタミンC」の存在を確かめてみよう

ヨウ素溶液の入った容器に食品の汁（試料5gに水を20ml加えてしぼった液）を1滴ずつたらし、色の変化を観察させる。ヨウ素溶液の茶色が消えたら、ビタミンCが含まれていると判断する。

	○ か ×	色の変化の様子	ビタミンC含有量（成分表）
レモン			
じゃがいも			
だいこん			
キウイ			

V-2「カロテン」の存在を確かめてみよう

にんじんを水と油それぞれで柔らかくなるまでゆで、ゆで汁とにんじんの様子を観察する。

	にんじん自体	ゆで汁
水で煮たもの		
油で煮たもの		

ビタミンには油で溶ける①＿＿＿＿＿＿＿＿と水に溶ける②＿＿＿＿＿＿＿＿がある。
摂取するときに気をつけること

●指導のポイント・おすすめする理由など

普段は目に見えることのないビタミンだが、色を通じて具体的に確かめることができるため、栄養素の学習に興味を持って取り組むことができる。調理室を使わなくても教室で班の形を作り学習することがでる。班員と相談したり、観察して気づいたことを話し合うことで、説明を聞くだけよりも理解が深まると感じる。

高校生の無機質・ビタミンの摂取状況について考えよう

●科目	家庭基礎	●時間のめやす	2時間	●評価	知	思	態
●履修学年（人数）		3学年（40名×16クラス）			考査、レポート		

<時期>　食生活分野（無機質・ビタミン・食事摂取基準の内容の時）

<目的>　レポート作成を通し、自身の食生活を振り返り、無機質・ビタミンの栄養的効果と食事摂取基準について理解を深める。

<内容・方法>

1時間目 知

1　「ある市では学校給食で牛乳を提供しないと決めた。」

　　賛成・反対を明確にした意見を Forms に入力させ、ホワイトボードに写し、共有する。

2　牛乳の栄養的価値、無機質・ビタミンについて解説する。

3　「私たちは1日に必要な栄養を摂取できているのか？」

　　ペアで意見交換する。食事摂取基準について解説しながら教科書の数値を確認する。

4　「実際の栄養摂取量を見てみよう」・レポート作成

　　インターネットを使い、厚生労働省ホームページの国民健康・栄養調査の結果を開く。無機質・ビタミンの中から栄養素を1つ選び、15-19歳の栄養摂取量を調べる。Google ドキュメント（Word 等でも可）でミニレポートを作成する。レポートには以下の4点を含めるよう伝える。

　　①選んだ栄養素の名称

　　② 15-19歳の栄養摂取量と、15-17歳の食事摂取基準の数値を比較した結果

　　③考察　（自身の食生活を振り返り、基準を満たすための食事について考えられるとよい。）

　　④参考文献（国民健康・栄養調査以外のホームページや教科書を参照する生徒が多い。）

2時間目 思

1　レポート作成・提出

　　完成した者から、全員が閲覧できる設定にしたレポートを提出する。

　　（Google スプレッドシートを共有しておき、自席のセルにリンク先を貼りつけさせる。）

2　レポートを読みあう。

　　教科書の該当箇所をチェックしたり、ノートにメモを取ったりしながら他者のレポートを読む。

3　本時のまとめ

　　学習内容・考えたことを Forms に入力する。（次回の授業で共有し、レポートの講評を兼ねる。）

●指導のポイント・おすすめする理由など

　各自が調べたことを全体で共有し、多くの知識や意見に触れられる展開を適宜取り入れている。ICT 環境が整っていると、レポート作成から閲覧までスムーズに実施できる。自身の1日の食事を調べ、栄養計算して振り返る展開は実施が難しいが、既存のデータを活用することで近い体験ができる。正確には、食事摂取基準と国民健康・栄養調査で年齢区分が異なるが、大体の数値を把握するには適していると考える。「貧血気味だから鉄」「聞いたことがないナイアシンにしよう」など自身の食生活を振り返りながら栄養素を選ぶ生徒も多く、生徒の興味関心を食生活の振り返りと知識の習得に繋げられる。また、他者のレポートを読むことについては「同じ栄養素を調べていても考察が違った」「他の栄養素についても詳しく知ることができた」と好評だった。無機質・ビタミンに限らず、食生活分野のまとめや休暇中の課題にも活用できる。

効果的な調理実習の記録 ～"食品摂取量のめやす"を身に付けよう！～

●科目 家庭総合	●時間のめやす　2時間	●評価　　知　⑲　態
●履修学年（人数）　2学年（40名×6クラス）		ワークシート

<第2章 あんころでGO！ 食 体 課>

＜時期＞

食生活分野の学習の時

＜目的＞

"食品摂取量のめやす"を視覚的に理解することにより、日々の献立作成の際に活用できるようにする。

＜実習の記録の書き方＞

(1)　実習前

①"献立"、"実習のねらい"、"配膳図"を記入する。

②栄養バランスチェックを記入する。※献立の項目ごとに、色分けする。

③献立の特徴をつかむ。

(2)　実習後 ⑲

①1食あたりの金額、自己評価を記入する。

②栄養バランスの考察をする。

③アレンジレシピを考える。

※家庭生活を想定して、全ての材料が冷蔵庫にそろっていなかったらどうするのかを考えさせる。

④実習を終えての感想を記入する。

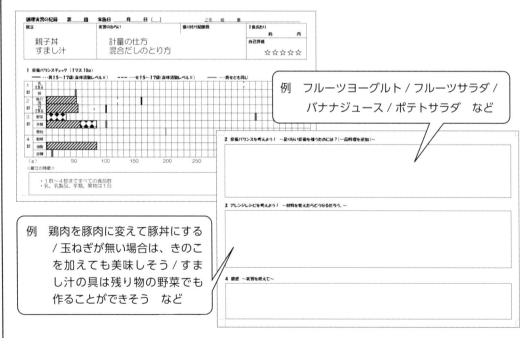

例　フルーツヨーグルト / フルーツサラダ /
　　バナナジュース / ポテトサラダ　など

例　鶏肉を豚肉に変えて豚丼にする
　　/ 玉ねぎが無い場合は、きのこ
　　を加えても美味しそう / すま
　　し汁の具は残り物の野菜でも
　　作ることができそう　など

●指導のポイント・おすすめする理由など

・「バランスがよい食事」と聞くと、「全て同じ量」と勘違いする生徒も多いが、視覚的に量を学ぶことによって"何をどれだけ食べればよい"かが身につく。

・調理実習の際に繰り返し記入させることによって、定着する。

テーブルパンとソーセージパンを作ろう

●科目	家庭総合	●時間のめやす　2時間	●評価	知　思　態
●履修学年（人数）	2学年（40名×6クラス）		ワークシート	

<**時期**>　食生活分野の学習の時　（暑い時期は過発酵に注意）

<**目的**>　ランチのパンを自分でつくる。パンづくりの基本を理解する。

<**内容・方法**>

・材料と基本の手順はベターホームの講習会を参考にした。

・テーブルパン4つのうち、2つはソーセージに生地を巻く。また、1つをハムロールにすることもある。

・材料の分配については、予め厚めのポリ袋（0.06mm厚以上）に強力粉だけ計量しておく。その中に塩、砂糖は自身で、最後にイーストを教員に入れてもらう。ここから実習をスタート。

・ぬるま湯の計量は正確に。多いと生地がゆるくなりとても扱いにくいが、頑張れば柔らかくおいしいパンができる。態

・一次発酵中に生徒を集め、予め機械でこね発酵させておいた生地を使って二次発酵に入るまでを示範する。その後生徒は自席に戻り、フィンガーチェック（発酵したパン生地の中央に指で穴をあけて発酵状態を確認する方法）から先を行う。知

・焼きあがった4つのうち1つは焼きたてをその場で食べる。

【テーブルパンのつくり方】

> 材料：この分量は子供のこぶし大のパン4個分
> 　　　強力粉：125g　イースト菌：3g　砂糖：大さじ1/2
> 　　　塩：小さじ1/2　ぬるま湯（38℃）：80mL　バター：7g

①ポリ袋に強力粉、イースト菌、塩、砂糖を入れる。

②シャカシャカ振ってよく混ぜる。

③ぬるま湯を一気に加える。袋の口をしっかり持って生地を台の上で滑らかになるまで（洗濯のように）もむ、こねる、混ぜる。※チーズ、くるみなどを入れる時はここで！

④バター（室温）を加えてこねる（10～15分）。ポリ袋から生地が離れてくる（扱いやすい）。折りたたんでは押し、折りたたんでは押しをくりかえす。

⑤20～30分暖かいところに置いて一次発酵。

⑥指で押して戻らなければ発酵完了（フィンガーチェック）。

⑦ポリ袋を切り開く。

⑧包丁で生地を4等分にする。

⑨ポリ袋の上から軽く押さえてガス抜きをする。
　切った断面を中に入れ込みながら裏をつまみ、しっかり閉じて丸く整形する。（5分ベンチタイム）

⑩オーブン皿にペーパーを敷き、生地を並べて濡れふきん、ポリ袋の順にかぶせ、15分間二次発酵。

⑪予熱しておいたオーブンで焼く。（電気210℃　ガス180℃で13分）

●指導のポイント・おすすめする理由など

・気温が低い時期は、発酵時間を確保するために時間割変更等をして、間に1時間別の授業を入れる（ex. 1、3限で実習）こともあった。

・個人調理のため、衛生面の配慮や、感染対策をしやすい。

・早い時期に実施すると、グループワークが苦手な生徒でも調理実習に取り組みやすく、失敗が少ないため、一人でパンが焼けた！という自信が持て、その後のモチベーションが上がる。

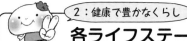

各ライフステージに応じたお弁当調理

●科目 フードデザイン ●時間のめやす 6時間	●評価	知 思 態
●履修学年（人数） 2学年（24名×3クラス）	レポート、実技	

<時期> 1年間のまとめの学習

<目的> お弁当作成を通して、調理の一連の流れを知り一人で作業ができ、家族に試食して もらうことを通じて 家族とのコミュニケーションの機会とする。

<内容・方法>

1時間目（献立作成の基本事項の学習）知

・詰め方、彩り、各ライフステージにおける食事摂取基準・食品群別摂取量のめやす、弁当 箱の容量について説明する。

2時間目（献立作成）知思

・ライフステージ設定（未来の家族を想定してもよいが食べる人は現在の家族とする）

・実習の注意事項を確認し、各ライフステージに応じた献立を作成（献立作成シートに記入）

〈注意事項〉 ①食材は、豚肉か鶏肉（どちらか選択）・卵・米・調味料は学校で用意する。

②①以外の食材（野菜・加工品など）と弁当箱は、当日生徒が持参する。

③生魚・生肉・生卵の持ち込みは禁止。

④冷凍食品の使用・揚げ物調理は認めない。

3時間目（献立の再検討）思態

・前時で集めた献立作成シートを返却し、見直す時間を設ける。（食品群別摂取量のめやす に達していない、彩り、時間内に作れない、味が同じなどを指摘する。）

・レポート用紙 (A3) を配布し、レポートのレイアウトを考える。

・献立確定後、献立作成シートにレシピ、使う調味料、弁当箱のレイアウトを記載する。

4時間目（実習前の確認）思態

・班員メンバー (一班3人) をくじ引きで決定する。互いの献立を見比べ、熱源が被らない よう効率のよい作業計画を立てる。食材が同じ場合は共同購入可とする。

・当日の持ち物を確認する。（食材、弁当箱、保冷バック、保冷剤）

5、6時間目（実習当日）知思態

・実習時間は60分。放課後まで冷蔵庫で保管し自宅に持ち帰る。家族が試食をし感想をもら う。（現在は実施していません）

●指導のポイント・おすすめする理由など

・献立作成は個性が出るため、方向性を統一させつつ自発性や発想力を尊重した。

・献立作成の内容にどれだけ深みを持たせることができたか評価した。 例）父の減塩献立・ 咀嚼力が低下した祖父母の献立・運動部所属の妹にカロリーを算出したものなど

・実習の技能について、身支度、包丁の扱い方、食材の扱い方、衛生面、火の扱い方、制限時 間内での調理、班の協力性も評価の対象とした。

・普段話さない息子がお弁当を作ってくれたことがきっかけでいろいろな話をするようになっ た。（母より） 娘の料理が食べられるとは思わなかった。（父より） こんなに子供が成 長しているとは・・・お弁当を通して実感した。（母より）（レポート一部抜粋） 家族のほっこりエピソードが聞けるなど、生徒・教員ともに達成感のある授業である。

お弁当 献立作成シート　2年　組（　）番　氏名：

1) ライフステージ（性・年齢・活動レベル）は？

2) ライフステージの特徴は？

3) なぜその人物にしたのか？ 理由は？？

4) おもなメニュー

主食：＿＿＿＿＿＿＿＿＿

主菜：＿＿＿＿＿＿＿＿＿

副菜：＿＿＿＿＿＿＿＿＿

5) 選んだ人物の1日に必要なカロリーは？
日本人の食事摂取基準より

[　　　　　]kcal

6) 昼食に必要なカロリーは？

[　　]kcal×1/3＝[　　]kcal

＊献立にライフステージに応じた工夫をする事

＊お弁当を作成する上で気をつけるべき所を把握している事

令和　年　月　日（　）作成	1群	2群	3群	4群
献立名	卵・乳・乳製品	魚介・肉・豆・豆製品	野菜・いも・きのこ	穀類・油脂・砂糖
主な材料				
1人分分量(g)				
合計				

この合計は、下の食品群別摂取量のめやすと大体同じになるようにする

一日量の1/3が
お弁当で使用する量になる
例：青年期　肉 160g
お弁当量は、約53g

4つの食品群別摂取量の目安
×1/3（1食分）

第2章　あんころでGO！　食 共 体 課 横

57

2：健康で豊かなくらし

行事食の調理実習

●科目 家庭総合	●時間のめやす　2時間	●評価　㊜　㊝　㊟
●履修学年（人数）　2学年（40名×5クラス）		ワークシート

第2章

あんころでGO！

㊠
㊢
㊣

＜時期＞
行事の時期に合わせることが望ましい

＜目的＞
日本の行事食について学び、実際に恵方巻きの調理・行事の体験をする。

＜内容・方法＞
1時間目（講義）㊜㊝
・すしめしのポイントについて学ぶ。
・恵方巻きの由来、節分の行事について知る。
・恵方巻きの作り方、ポイントを確認する。

2時間目（調理実習）㊝㊟
・酢飯
　①炊きあがったご飯をボールに移し、合わせ酢を加えてしゃもじで切るようによく混ぜ合わせる。その際にうちわで扇ぎながら、混ぜる。
・具材
　②きゅうりは縦に1/4に切る。
　③鶏そぼろ（既製品）、カニかまは好みでマヨネーズと和える。
　④卵は調味料と合わせて溶いておく。卵焼き器に油をひき、2回に分けて巻いていく。（弱火〜中火）
・巻く
　⑤巻きすの上にのりを縦長に敷き、米をのりの縦2/3程度に広げ、上側の位置に1cm程度の堤防をつくる。
　⑥広げた米の中心よりも下方に具材をそれぞれのせ、端から堤防めがけて一気に巻き上げて完成。
・事後指導として、レポート作成を行う。
　（宿題として、次の授業で提出）

●指導のポイント・おすすめする理由など
・1時間で実習が可能である。（前時で調理の説明等を行っておく）
・1時間の中で終わらせなければならないので、実習準備として、材料、器具の分配はあらかじめ行っておく。
・事後指導の内容としては、発展的な内容と自己評価、感想などを書かせるようにする。
・1人1本巻きすを使って作るので、初めて体験したと言った生徒も多く、行事食という日本文化に手軽に触れることができる。

＜レポートの一部例＞

TRY：恵方巻きは7つの具材を入れるのが一般的である。自分で7つの具材を決め、オリジナルの恵方巻きを考えてみよう！！

①
②
③
④
⑤
⑥
⑦

テーマ：
（解説図）

・自己評価

1	調理を通して食品の特徴が理解できたか。	4	3	2	1
2	班で協力して調理実習を行うことができたか。	4	3	2	1
3	調理制作物のできばえはどうであったか。	4	3	2	1
4	時間を守って、準備、片付け等できたか。	4	3	2	1
5	身だしなみはどうであったか。	4	3	2	1
6	自分の班の当番をしっかりとこなすことができたか	4	3	2	1

・班での役割

役割分担	班員名
炊飯・酢飯　係	
具材準備　係	
卵焼き　係	

材料		分量
酢飯	ご飯	米 4合(5合)
		昆布 1枚
		酒 小さじ2
		水 800ml (1L)
	合わせ酢	酢 80ml (100ml)
		砂糖 40g(50g)
		塩 20g (25g)
	のり	5枚 (6枚)
	きゅうり	1本
	卵焼き	卵 3個
		砂糖 大さじ2
		みりん 小さじ2
	とり そぼろ	1袋
	★カニ かま	1パック
	マヨネーズ	好みで
	大豆	年の数
炒り大豆		

作り方

◎ごはんを朝仕込みに来る。
・水と昆布、酒を加えて炊飯する。

【酢飯】
①炊き上がったご飯をボウルに移し、合わせ酢を回し加えて1〜2分蒸らす。
しゃもじで切るようによく混ぜ合わせる。
※うちわであおいで水蒸気をとばす。

ボウルにしっかりおさえて、切るように混ぜる。

【具材】
②きゅうりは縦に1/8に切る。
③カニかまは好みでマヨネーズとあえる。
※カニかまをあえる時は、裂いておく。
※カニかまは好みで和える場合は、大きい塊のまま使用してもよい。

さらに半分!!

④卵は調味料とあわせて溶いておく。
フライパンに油をしき2〜3回にわけて巻いていく。

※お箸で巻いていけばいいよ。フライ返しも使う。

(1) 油をまんべんなくしく
(2) 卵を流しはじめる
(3) 底を四[回]巻いたら、箸で同[回]切り、向こう手前に箸を横に寄せ、3つぐらいに折げる。
(4) 巻いた卵を向こうに倒す、空いたスペースに油をぬる。(1)〜(3)の繰り返し。

卵液は2〜3回に分けて

菜箸でそっと おさえて キッチンペーパーで 拭き取る

できた卵焼きは、のりに巻けるように、大きく等分にする。

⑤巻きすの上にこのりを縦長に敷き、米をのりの縦2/3程度に広げ、上側2/3の終わりの位置に1cm程度の堤防をつくる。
※米を一番手前のラインより少しも下方に同じラインに合わせる。

【巻く】
⑥広げた米の中心よりも下方に具材をのせ、はしから堤防めがけて一気に巻き上げて完成。

手でしっかりと押さえるように巻く。

まきやすくなるよ 一番下!!

1cm←堤防

米の中心

みんなで仕上げる中華弁当 ～大量調理に挑戦～

●科目 家庭基礎	●時間のめやす　1時間＋昼休み	●評価	知 思 態
●履修学年（人数）　1学年（40名×6クラス）		行動観察、ワークシート	

<**時期**>

食分野の学習まとめ

<**目的**>

「調理実習」を「将来の仕事」と重ねあわせて計画・実践することで、仲間との協力、効率性、時間厳守、達成感、課題発見からの改善策など、任務遂行のために必要な要素を理解する。

<**内容・方法**>

第4回調理実習【献立：麻婆豆腐、青椒肉絲、棒々鶏、酸辣菜、奶豆腐、山菜おこわ】

計画（1時間）思

①チーム作り…自分のやりたい作業を選択し、指定された人数でチームを作る。

②分担・手順確認…各チームに用意された指示書に従い、作業手順を理解し分担をする。

実習（50分＋昼休み20分）知 思 態

①チームの任務を遂行する。（大量調理に挑戦し、均一に盛り付ける）

②終了していないチームの作業を見つけ、積極的に行動に移し弁当作りに貢献する。

③仕事の依頼を受けたら、「よろこんで！」の一言で、分担以外の作業に取り組む。

④最後の調理実習であることを実感し、お互いの労をねぎらいながら試食をする。

⑤まとめワークシート（振り返りシート、調理理論）を翌日提出する。

●**指導のポイント・おすすめする理由など**

調理実習は多くの生徒が意欲を持って主体的に取り組む場面が多い学習活動である。実習のねらいを明確にすることにより、さらに学習効果は高まると考えられる。第1回は調理実習・調理室使用のガイダンスを含めたカスタードプディング。第2回は調理の楽しさに触れられるよう簡単な洋食献立（若鶏のクリーム煮・グリーンサラダ・各自で作るオリジナルドレッシング）。第3回は和食調理の基礎を取り入れ、鯖の味噌煮・小松菜の炒め煮・かきたま汁などを班内で分担し、1人1品を作り上げる。

今回の第4回が最終回となるため、単元のねらいの他に家庭基礎の目標を意識できる内容とした。制限時間（実習時間）は70分のため、調理がすぐに開始できるように材料配付・調理器具のセッティングなど多くの準備が必要となる。弁当箱は後片付けの時短のため、使い捨て容器を使用している。プラスチックゴミが多くエコな実習とはならないため、生徒に説明が必要である。 生徒の振り返りシートの記載に「忘れられない授業である」「クラスの力はすごい」「自分のスキルにあった仕事を選べることができたので内心ほっとしていた」「担任の先生の1品1品のコメントが嬉しかった」「弁当屋さんになった気分♪」などがあり、生徒の着眼点と学びは的を射ており、授業のねらいはおおむね理解できたと読み取れる。

みりんを楽しもう！

●科目 家庭総合	●時間のめやす　4時間	●評価 ㊞ ㊞ ㊞
●履修学年（人数）　2学年（40名×7クラス）		考査、ワークシート

<目的>　・流山市の特産品である白みりんについての理解を深める。

・みりんを使った調理実習をとおして、みりんの特質や、調理上の性質について理解する。

・流山の自然環境や歴史を知ることにより、食文化を主体的に継承することの意義について考える。

<内容・方法>

（1）事前学習…2時間

①みりんの歴史

②「本みりん」と「みりん風調味料」の比較（匂い・アルコールによる調理効果）

③みりんを使った料理

④親子丼の味付けの特徴

（2）調理実習…2時間　　※講師：流山市公認市民活動団体の方（1名）

①鶏の照り焼き2種の比較 ㊞

<材料>

たれA		たれB	
・鶏もも肉　　1枚	・砂糖　　　小1弱	・鶏もも肉　　1枚	・しょうゆ 大1
・サラダ油　大1/2	・しょうゆ 大1/2	・サラダ油 大1/2	・みりん　大1
・小麦粉　　少々	・みりん　大1/2	・小麦粉　少々	
	・酒　　　大1/2		

②みりんブリュレ ㊞

<材料>

	<作り方>
・卵黄（L）　　4個	①すべての材料を小さい鍋に入れ、湯煎にかける
・牛乳　　200mL	②卵液が70℃くらいになったらざるでこし、プリン型に入れる
・生クリーム　200mL	③オーブンで蒸し焼きにする（180℃、15分）
・煮切りみりん　160mL	④氷水で冷やす

③ワークシートの記入 ㊞ ㊞

みりんの歴史や親子丼の味付けの特徴、本みりんの調理上の性質等を踏まえ、自らの生活でどのように活かしたいかを考える。

色つや・味などを比較します！

●指導のポイント・おすすめする理由など

・外部講師を呼ぶことにより、次のようなメリットがある。

①講師の方が流山の食文化継承のために活動している背景を知ることにより、生徒の食文化に対する興味関心が高まった。

②普段は実習前の説明の際に集中力が続かない生徒も、講師の方の話には緊張感を持ち、真剣に聞き入っていた。

・普段、調理実習をしていても、食材に興味を持つ生徒が少ないように思う。しかし今回の調理実習では食材にまで興味を持つ生徒が多く、実習を通して事前学習の内容の理解が深まった。

・身近な特産品ということもあり、食材にまつわる歴史や自然環境などを理解しやすい。

乳製品を知る ～チーズの食べ比べをしよう！～

●科目　フードデザイン　　●時間のめやす　1時間	●評価　㊥　㊝　㊟
●履修学年（人数）　3学年（20名×10講座）※分割授業	ワークシート

<時期>

食品の特徴（乳製品）の学習として。

カッテージチーズ入りスコーンの調理実習と合わせて行う。

<目的>

・牛乳の加工品であるチーズはナチュラルチーズとプロセスチーズに分けられ、ナチュラルチーズは様々な種類がありそれぞれの特徴があることを知る。

・他国の食文化を尊重し、違いを楽しむ態度を養う。

<内容・方法> ㊥㊝㊟

1・2時間目　調理実習（カッテージチーズ、スコーン、イチゴジャム、キュウリのサラダ）と牛乳の飲み比べ（普通牛乳、無脂肪乳、低脂肪乳、加工乳、乳飲料など）を行う。

3時間目　　①牛乳の加工品について学習し、試食するチーズの名前、原産国、分類を記入する。

②7種類のチーズを試食し、味、見た目、香りなどを観察し、感想をまとめる。

用意したチーズ

プロセスチーズ

①キャンディチーズ

ナチュラルチーズ

②モッツァレラチーズ（フレッシュ）

③チェダーチーズ（セミハード）

④パルミジャーノレッジャーノ（ハード）

⑤カマンベールチーズ（白カビ）

⑥ゴルゴンゾーラチーズ（青カビ）

その他

紙ナプキン、水、クラッカーを机上に配布した後、チーズを配る。

●指導のポイント・おすすめする理由など

　日本ではプロセスチーズが主流だが、様々な種類のタイプのチーズがあることを実際に体験することができる。色や形が違うこと、主な原産国やどんな料理に使われているかを説明することで次回以降の実習にもつなげることができる。また、実際に試食することで動きのある授業展開を行える。

　味や香りを表す表現として、何も言わないと「おいしい」「まずい」「ふつう」等、どれも同じ言葉で終わってしまう。「何かに似ているとか、食べた後の感覚を入れると良いよ」とアドバイスすると、「濃い」「甘い」「重い」など違う表現をする生徒もでてきた。語彙力を増やすことに繋がると感じた。また、青カビのチーズを初めて食べる生徒からは、「臭い」「食べ物じゃない」などマイナスの発言も飛び出す。「自分は好みじゃない」「食べ慣れていないから苦手だった」など、表現を変えるよう伝えた。2学期は職員や外部のお客様を招いて会食の学習を行っており、周囲と楽しく食事をするためのマナーを伝えることもでき、良い機会となった。

第2章

あんころでGO！

食　体　伝　科

食に関するスピーチをしよう！

●科目 家庭総合	●時間のめやす 10分	●評価	知 ㊞ 態
●履修学年（人数） 2学年（40名×8クラス）		発表	

<**時期**> 各授業開始時（5～6名ずつ実施）

<**目的**> 食事と人の健康や食行動が社会・経済・環境などに与える影響、食文化の継承・創造について問題を見出して課題を設定し、解決策を考えることができる。

<**内容・方法**>

(1) 事前学習

①テーマの中から発表する内容を選択させる。

【例】・自分や家族の食生活について問題を見つけて課題を設定し、解決策を考えよう。

・自らの食行動が社会・経済・環境などに与える影響について問題を見つけて課題を設定し、解決策を考えよう。

・食文化の継承・創造について問題を見つけて課題を設定し、解決策を考えよう。

②ルーブリックを配付する。

	A	B	C
内容	課題解決に向け、十分に調べられている	課題解決に向け、調べられている	課題解決に向けての内容が不足している
論理的な構成	十分、論理的に構成されている	論理的に構成されている	論理的な構成が不足している
発表姿勢	全体を見ながら声量も十分に、適切なスピードで発表できている	視線や声量、話すスピードともに一定のレベルに達している	視線、声量、話すスピードを改善する必要がある
発表時間（2分間）	時間配分が適切である	ほぼ時間内である	時間が超過している、または時間が短い

③発表する順番を指名する。

(2) 当日　用意する物：タイマー ㊞

・授業の冒頭で、一人ずつ順番に教卓の前に立って発表させる。（調理実習の回は休止。）

・発表者以外はルーブリックをもとに、スピーチの内容を評価する。

<**生徒の感想**>

・普段自分では調べないことを調べたり、クラスメイトの発表を聞いたりして、知識が深まってよかった。

・他の人と自分がやったのを振り返ってみて、自分に何が足りないかが少しわかった。

・普段あまり気にしないような内容が多く、他の人の発表を聞くのは面白かった。

・自分で調べると発見が多く、記憶に残りやすい。

●**指導のポイント・おすすめする理由など**

・スピーチの目的を伝えることが大切である。（社会では「発信力」や「傾聴力」が求められていることを伝えた。）※参考：経済産業省『社会人基礎力』

・話すことが得意な生徒、苦手な生徒ともに積極的に取り組んでいた。

・コロナ禍で調理実習やグループワークに制約がある中、「少しでも生徒が主体となって取り組める授業を行いたい」と思い、実践した。高校の授業では「発表」をする機会が少ないと感じる生徒が多いようなので、実践してよかった。

2：健康で豊かなくらし

コロナ禍における調理実習の実践 ～動画配信サービスの活用例～

●**科目** 家庭基礎　●**時間のめやす** 2時間
●**履修学年（人数）** 2学年（40名×7クラス）

●**評価** (知) (思) 態
ワークシート

＜時期＞

学校が休校もしくは、自宅学習日の時

＜目的＞

家庭基礎は2単位であるため、実習時間が45～50分と短く、実習時のデモンストレーションの時間が確保できずに実習を開始する。そのため、食材の切り方や火加減のポイント等は事前にホワイトボードにまとめ、生徒が調理中に確認できるよう工夫をしている。また、調理台1台につき4～5人で調理するため、1品だけでなく3～4品を生徒が協力して調理できるように、献立内容も精査している。

上記の現状を踏まえ、今回は動画配信(オンデマンド型)により、自宅での調理実習を実施する。自宅で動画視聴しながら実習することにより、デモンストレーション時間を確保せずとも、生徒への視覚的な理解を促し、より効果的な調理実習を行うことができる。また、コロナ禍で制限がある調理実習も工夫することで実施できるようにする。

＜内容・方法＞

1　調理実習用のプリント(レシピとレポート)を作成し、生徒へ事前配布する。(知)

2　自宅学習日に調理実習を各自実施する。(知)
生徒は動画(Youtube限定公開)を視聴し、配布されたレシピを参考にしながら、食材購入→調理→試食→後片付けまでを行う。

3　後日、調理実習プリントを回収し、同時にMicrosoftアプリ「Teams」にて完成した料理の写真をアップロードさせ、提出課題とする。(思)

＜使用した機材や動画編集アプリ＞

・iPhone11pro
・ipad(第8世代)
・カメラ用三脚(タブレット端末も固定できる)
・ピンマイク
・Filmora(フィモーラ)動画編集アプリ

＜生徒の感想＞

・手元がよく見えたので分かりやすかった。
・実際に視聴しながら調理できたので、失敗が少なかった。
・先生の手際が良く、見やすかった。
・大事なポイントを説明しながら調理してくれたので、分かりやすかったです。

●指導のポイント・おすすめする理由など

・動画で調理ポイントを撮影することで、視覚的に理解させることができ、生徒の理解度が高かった。また、何度も視聴できるので反復練習(調理技術)に有効である。
・デモンストレーションの時間が確保できないという課題点も、事前学習としての調理動画視聴により代替することが出来た。

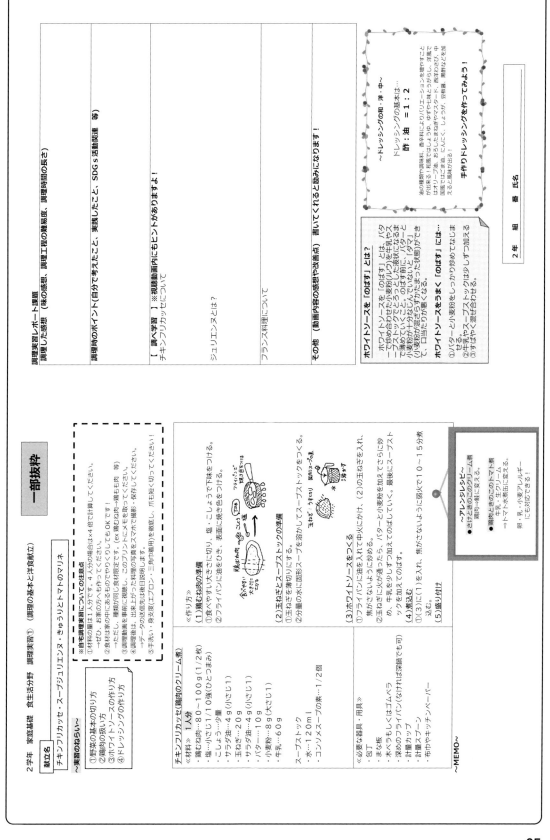

▼授業で使用したプリント

第2章　あんしんでGO！…　食　体　Ⅰ

2学年　家庭基礎　食生活分野　調理実習①　（調理の基本と洋食献立）

【献立名】
チキンフリカッセ・スープジュリエンヌ・きゅうりとトマトのマリネ

一部抜粋

~実習のねらい~
①野菜の基本の切り方
②鶏肉の扱い方
③ホワイトソースの作り方
④ドレッシングの作り方

※当日調理実習課題についての注意点
①材料の量は1人分です。4人分の場合は4倍で計算してください。
→ぜひ、お家の方へも作ってください。
②食材は家の中にあるものでやりくりしてもOKです！
→ただし、種類が同じに食材限定です。（ex 鶏むね肉→鶏もも肉　等）
③調理動画を事前に視聴し、このプリントにメモを取ってください。
④調理後は、出来上がった料理の写真をスマホで撮影・保存してください。
→データの送信先は後日説明します。
⑤手洗い、身支度（エプロン・三角巾着用）を徹底し、爪も短く切ってください！

チキンフリカッセ（鶏肉のクリーム煮）
《材料》 1人分
・鶏むね肉…80～100ｇ(1/2枚)
・塩…小さじ1/10強(ひとつまみ)
・こしょう…少量
・サラダ油…4ｇ(小さじ1)
・玉ねぎ…20ｇ
・サラダ油…4ｇ(小さじ1)
・バター…10ｇ
・小麦粉…8ｇ(大さじ1)
・牛乳…60ｇ

スープストック
・水…120ml
・コンソメスープの素…1/2個

《必要な器具・用具》
・包丁
・まな板
・木べらもしくはゴムべら
・深めのフライパン(なければ深鍋でも可)
・計量カップ
・計量スプーン
・布巾やキッチンペーパー

~MEMO~

《作り方》
(1)鶏むね肉の準備
①食べやすい大きさに切り、塩・こしょうで味をつける。
②フライパンに油をひき、表面に焼き色をつける。

(2)玉ねぎとスープストックの準備
①玉ねぎを薄切りにする。
②分量の水に固形スープを溶かしてスープストックをつくる。

(3)ホワイトソースをつくる
①フライパンに油を入れて中火にかけ、(2)の玉ねぎをさを入れ、焦がさないように炒める。
②玉ねぎに火が通ったら、バターを加えてさらに炒め、小麦粉を少しずつ加えていく。最後にスープストックを加え入れる。
(4)煮込む
①(3)に(1)を入れ、焦がさないように弱火で10～15分煮込む。
(5)盛り付け

~アレンジレシピ~
●鶏肉と普通のトマト煮
鶏肉→普通に変える。
→トマト水煮缶に変える。
●鶏肉と普通のクリーム煮
→牛乳・生クリーム
→トマト水煮缶に変える。
卵・乳・小麦アレルギー
にも対応できる！

調理実習レポート課題
調理した感想（味の感想、調理工程の難易度、調理時間の長さ）

調理時のポイント（自分で考えたこと、実践したこと、SDGs活動関連　等）

[調べ学習] ※視聴動画内にもヒントがありますよ！
チキンフリカッセについて

シュリエンヌとは？

フランス料理について

その他（動画内容の感想や改善点　書いてくれると励みになります！）

ホワイトソースを「のばす」とは？
ホワイトソースを「のばす」とは、バターで炒め合わせた小麦粉（ルウ）を牛乳やスープストックでとろっとした液状にのばすこと。バターと小麦粉が十分になじんでいないと（ダマ）て、口当たりが悪くなる。

ホワイトソースをうまく「のばす」には…
①バターと小麦粉をしっかり炒め合わせる。
②牛乳やスープストックは少しずつ加える。
③すばやく混ぜ合わせる。

~ドレッシングの和・洋・中~
ドレッシングの基本は…
酢：油　＝１：２

油の種類や調味料、香辛料によりバリエーションを増やすことが出来る。和風ではしょうゆ、ゆずや七味とうがらし、洋風ではオリーブ油、おろしたまねぎやマスタード、西洋わさび、中国風ではごま油、にんにく、しょうが、豆板醤、黒酢などを加えると味わいが出る！

手作りドレッシングを作ってみよう！

2年　組　番　氏名

65

米粉と小麦粉のホットケーキの比較 〜手作りバターとともに〜

●科目　フードデザイン	●時間のめやす　2時間	●評価	知　思　態
●履修学年（人数）　3学年（25名×2クラス）		ワークシート	

＜時期＞ アレルギーや食料自給の学習に合わせて

＜目的＞ 米粉と小麦粉のホットケーキを作ることで、それぞれの特徴や、食物アレルギー、食料自給率の問題について考えられるようにする。

＜内容・方法＞

1時間目 知

　1　米粉と小麦粉の特徴や用途

小麦粉の多くは輸入に頼っていること、また、小麦粉のアレルギーで食べたい物を食べられない人もいることを踏まえ、その代用としての使い方があることを学ぶ。

　2　手作りバターの作り方

2時間目（本時）思 態

　米粉と小麦粉のホットケーキ、バターを実際に作る

　・米粉と小麦粉のホットケーキは全班作る。

　・バターは、生クリーム2パック分をペットボトル2本に分け、全員でシェイクして作る。

●米粉・小麦粉ホットケーキ		●手作りバター	
米粉 or 薄力粉	100g	生クリーム	200mL
ベーキングパウダー	小1	（種類別がクリームで乳脂肪分	
砂糖	大2	42パーセント以上のもの）	
牛乳	100mL	塩	2g
（米粉の場合、米粉の種類で80〜110mLで調整）		500mL程度の空のペットボトル	
卵	1個		

＜生徒の感想＞

・米粉で作った方が表面がサクサクして中がもちもちだった。

・小麦粉アレルギーの人が周りと同じものを食べられるようになり良い。

・米粉でもおいしいパンケーキが作れるので、輸入をした小麦に頼らず、米粉を使用すれば食料自給率が上がると思った。

・思ったよりもたくさんのバターが作れて驚いた。

・バターミルクは牛乳よりも後味がさっぱりとして美味しかった。

●指導のポイント・おすすめする理由など

　近年、健康志向が高まっており、「グルテンフリー」と言う言葉を多くの生徒が耳にしている。実際に米粉と小麦粉を使ってホットケーキを作ってみることで、それぞれの特徴を知識だけでなく体感することができ、レシピの応用の仕方にも目を向けられていた。「米粉」の勉強から、アレルギーや食料自給率などの問題にも目を向けられるので、学習を深めることができる。

快適な住居を選択しよう

●科目　家庭基礎	●時間のめやす　3～4時間	●評価　㊞知　㊞思　　態
●履修学年（人数）　3学年（40名×16クラス）		考査、レポート

＜目的＞

　一人暮らしの住居を選べるようになる。チェックリストを活用し、健康に配慮した住まいについて考えを深める。

＜内容・方法＞

1時間目 ㊞知

　一人暮らしの住居を借りる際のポイント、敷金礼金等の費用、平面図の読み方について扱う。

2・3時間目（時間がなければ1時間）㊞思

　インターネットを使い、高校卒業後に一人暮らしをする前提で、賃貸住居を選ぶ。

　Googleスライドを使い、資料作成・発表準備をする。（スライドは5枚以内、理想の暮らし方・間取り・最寄り駅・かかる費用・内覧時のチェックポイント・参考資料を明記）

4時間目 ㊞知 ㊞思

①発表（スライドは教員も閲覧できる設定にして提出させ、後日評価する。）

　　4人班を作り、スライドを基に順番に1人ずつ発表する。全ての班が発表を終えたところで、一旦仕切り直す。1名が隣の班へ行き、発表する。（タイマーの音で区切る。拍手と時間があれば質疑応答をして終える。1セットごとに生徒を交代し、時間の限り繰り返す。）

②インターネットを使い、健康チェックリストに回答する。

　　各自、レーダーチャートとグラフで表示された結果を読む。

> 【居間・リビング】
> 1. 夏、部屋を閉め切って、エアコンや扇風機をつけずに過ごすことはありますか？
> 2. 夏、冷房が効かずに暑いと感じることはありますか？
> 3. 冬、暖房が効かずに寒いと感じることはありますか？
> 　　　　　CASBEE すまいの健康チェックリストより抜粋（全50問）
> 　　　　　https://www.jsbc.or.jp/CASBEE/health_check/index.html

③本時のまとめ

　学習内容、授業を通して考えたことをまとめ、Formsに入力する。（次回の導入時に共有する。）

＜生徒の感想＞

・人によって意外と家に求める条件が違い、驚いた。地盤など、自分が考えもしなかった条件もあり、家を借りるときにはもっと色々調べて考えようと思った。

・私の自宅は、静かさの項目が平均よりも点数が低かった。自分ではあまり気にしていなかったけれど、よく考えてみると騒音や振動のある家に住んでいると気付いた。

●指導のポイント・おすすめする理由など

　一人暮らしの住居を選ぶ展開で終わらずに、発表をすることで住居を借りる際のポイントについて他者から学ぶことができる。班員を1人ずつ入れ替える「ぐるぐる発表」は、全員の発表を聞くことはできないが、時間調整がしやすく、テンポよくできるのでぜひ取り入れていただきたい。生徒は、健康チェックリストに回答することで、家賃や部屋の広さだけでなく、健康に暮らすために考慮すべき点を改めて考える機会となる。初めから完璧を目指すのではなく、様々な活動を経て思考し、新たな視点を持つことが重要だと伝えている。

流山のまちに出かけよう！

●科目　生活デザイン	●時間のめやす　5時間	●評価　知　思　態
●履修学年（人数）　1学年（40名×8クラス）		ワークシート

＜時期＞　住生活の学習の時

＜目的＞

・流山の伝統的なまちなみを観察することを通して、時代や社会の変化による住まいのあり方や居住地の変化を知る。

・居住者が現在の居住地の課題を改善しようとしている姿を知ることを通して、よりよい環境をつくることの大切さを理解する。

・生徒自らが主体的にまちづくりにかかわる意欲を育てる。

＜内容・方法＞

（1）事前学習… 1時間 知

①アンケート　（現在住んでいるまちについて振り返ろう／"将来住みたいまち"はどのようなまちか、考えよう）

②まちづくりに携わる大学生（※1）…DVD視聴

　3名の学生に、流山で行っているまちづくりについて紹介してもらった。生徒たちには「ちょっとしたことでも"まちづくり"になる」という意識を持たせるようにした。

（2）流山のまちに出かけよう（フィールドワーク）… 2時間 知

　ガイドの方（※2）とまち歩きに出かけ、流山の課題を知るとともに魅力を見つける。（班活動）

> **課題：**明治には県庁や千葉師範学校（千葉大学教育学部の前身）があるなど栄えていたが、まちが廃れて100年ぐらいになる／古いまちなみが少なくなってきている／一度来た人が再び来たくなるまちになるには、何が足りない？／流鉄流山線の利用客がつくばエクスプレス線の開通によって半減した／みりんブランドの活かし方　など
>
> **魅力：**メモ係、写真係に分かれて記録していく。

（3）事後学習… 2時間 思 態

　班ごとに流山のパンフレットをつくる（※3）

　テーマ「2020年オリンピックパラリンピックの際に流山に人を呼び込もう！」

　キーワード（商業／歴史／交通／自然など）にそって班ごとに意見を出させた。

※1　千葉大学大学院工学研究科環境デザイン研究室の学生
※2　NPO法人流山史跡ガイドの会
※3　参考『コミュニティデザイン　-人がつながるしくみをつくる-』出版社：学芸出版社　著者：山崎　亮

＜生徒の感想＞

・今回の授業をきっかけに、学校に通うのがちょっと楽しみになった。

・流山市民だけど、こんなに面白いまちだとは知らなかった。今度、中学校の友達にいいなと思ったところを案内してあげたい！

●指導のポイント・おすすめする理由など

・年齢が近い大学生のまちづくりの取り組みを知ることで、生徒たちもまちづくりに参加する意欲が高まる。

・パンフレットを大学生や史跡ガイドの方に見せるということを生徒に伝えると、よりよいパンフレットを作りたいという意欲が高まる。

校舎内のバリアフリー度を調べよう ～車いすで探検～

●科目 リビングデザイン ●時間のめやす 2時間	●評価	知	思	態
●履修学年（人数） 3学年（8名、27名の2講座）	ワークシート、レポート			

<目的>

・建物のバリアフリー化について関心を持つ。

・バリアフリー化されていない場所では、車いす利用者や障害者、高齢者、その家族などがどのくらい不便かを、体験を通して知る。

・建物のバリアフリー化にはどのような方法があるかを考える。

<内容・方法>

(1) 準備する物　車いす（1グループ1台）、メジャー、記録用紙

(2) 実習当日 思

　①役割分担をする。(車いすに乗る人／車いすを押す人／段差や幅をメジャーで測る人／記録)

　②校内の指定された場所でバリアフリー化の現状（段差の高さ、ドアの幅、ドアの形式、使い勝手など）を調べる。例：昇降口⇒渡り廊下⇒体育館⇒2階トイレ⇒教室⇒視聴覚室

　③教室に戻り、測定結果や気づいたこと、感想などをグループ内で発表し合い、記録用紙にまとめる。

リビングデザイン⑧　　　　3年B組（　）番 氏名（　　　　　　　）
校舎内車椅子探検

流山高校の校舎は、どの程度バリアフリー化されているだろうか?
車椅子の乗車体験を通して考えてみよう。
役割分担（4～5人で1組）
・車椅子に乗る人（1人）　　　・車椅子を押す人（1人）
・障害物の高さや幅を測る人（1人）　・メモを取る人（1～2人）

次のコースをまわって確かめてみよう!
①昇降口
段差・・・・・・・・　無 ・ 有　高さ（　　　）cm
スロープ・・・・・・　無 ・ 有　⇒車椅子通行　可 ・ 不可

②体育館
渡り廊下段差・・・・　無 ・ 有　高さ（　　）cm×段数（　　）段
体育館入り口段差・・・無 ・ 有　高さ（　　）cm×段数（　　）段
ドアの幅・・・・・・（　　　　）cm
ドアの形式・・・・・（　　　　　）

③中央階段・・・・・・段差　高さ（　　　）cm×段数（　　）段

④2階トイレ
段差・・・・・・・・　無 ・ 有　高さ（　　　）cm
トイレ内個室の広さ・・（　　）cm×（　　）cm
ドアの形式・・・・・（　　　　）
使い勝手・・・・・・（　　　　　　）

⑤3B教室
段差・・・・・・・・　無 ・ 有　高さ（　　　）cm
ドアの形式・・・・・（　　　　　）

⑥視聴覚室
入り口段差・・・・・　無 ・ 有　高さ（　　）cm 段数（　　）段
室内段差・・・・・・　無 ・ 有　高さ（　　）cm 段数（　　）段
ドアの形式・・・・・（　　　）

⑦図書室
段差・・・・・・・・　無 ・ 有

感想
①車椅子に乗る立場を体験してみて気づいたこと

②車椅子を押す立場を他見してみて気づいたこと

Q. 階段をとるときはどうする?

③学校のバリアフリーチェックをして気づいたこと

④その他　実習の感想

メモ　※左記の確認事項以外に気になったことをメモしていこう!

(3) 事後学習 態

　校舎内のバリアフリー化案をレポートにまとめる。

●指導のポイント・おすすめする理由など

・生徒の興味・関心を引き出しやすく、印象に残りやすい。

・選択科目のリビングデザインで行ったが、家庭総合等でも住居や福祉の分野で実施することができる。

・体験をすることにより、「バリアフリー＝段差をなくす」だけでなく、ドアの形や動線などについても考えることができた。

平面図記号で BINGO 大会！

●科目	家庭総合	●時間のめやす	1時間
●履修学年（人数）	2学年（20名×3クラス）		

●評価	知 思 態
ワークシート	

<**時期**> 住生活分野の導入

<**目的**> ・平面表示記号を書くことで、技能や理解を深める。

・物件の賃貸契約や購入の際に役立つよう、間取りなどを読み取る力を身に付ける。

<**内容・方法**> 知 思

用意する物：方眼紙（A4半分またはB5）

① 25 マスのビンゴの枠を書く。（外枠 10cm × 10cm。枠内 2cm × 2cm）

②それぞれのマスに記号・名称を記入する。

・各自がランダムに書き込むよう、指導する。

・板書やマグネット教材、スライド等で作図の手本を示す。

・早く作図し終わった生徒に対しては別の作業の指示を出し、全員が記入し終わるまで待つ。
（プリント上部の記号の名称を記人する。／マスの外に他の記号を作図する。／調べ学習
をする。）

③ビンゴを行う。（1人ずつ自分に有利な記号を言う。）

・1〜10位程度、点数や商品を決める。（それ以外の生徒には参加賞として点数をつける。）

・教員は出た記号を板書等で示していく。

・方眼紙は採点もするので色ペンで○やチェックマークをつけ、塗り潰さないよう、指示する。

・「ビンゴ！」の人は教員が確認してあがり。
（3ライン揃ったら、ビンゴにすると時間がちょうど良い。）

生徒の方眼紙

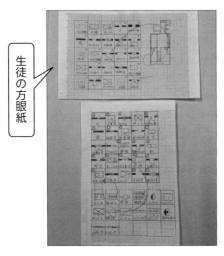

授業プリント

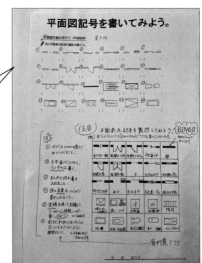

<**生徒の感想**>

・ゲーム感覚で取り組めることで入りやすく、いつの間にか勉強にもなっている。

●**指導のポイント・おすすめする理由など**

・ゲーム感覚で取り組め、クラス全員が参加し盛り上がるため、苦手なことも覚えやすい。

・教員は楽しい雰囲気をつくるようにする。他にも導入に使えるゲームを多く取り入れている。

・食や保育分野の用語のまとめ等、他の領域にも応用可能である。
（生徒が指定したワードの質問に答えられたら消せるなどとしている。）

第2章 あんころでGO－ 住 体

災害に向き合い災害から身を守る方法を考える

●科目　家庭総合	●時間のめやす　3時間	●評価　㊝ ㊞ ㊟
●履修学年（人数）　3学年（30名×3クラス）		ワークシート、実習

<時期>　9月1日の防災の日に合わせて

<目的>　防災に関する知識と備えの大切さについて知り、自然災害から身を守るとともに被害を最小限にとどめるために、一人ひとりができることを考えて行動に移せるようにする。

<内容・方法>

1時間目㊝

＊DVD『災害からいのちと暮らしを守る』（教育図書教材）を視聴

1　どのような災害があるか、それに対する対応について考える。

2　災害に対する日頃の備えについて考える。

2時間目㊝㊞

＊ワークシート「災害から身を守る」（日本災害保険協会資料）学習

1　近年の自然災害と災害への備えについて考える。

　　①家庭で行っている対策　　②ハザードマップの活用法　　③家の中での安全対策

2　災害時を想定して考え、実践してみる。

　①ライフラインの復旧までに要する期間と想定される困難

　　参考資料：日本気象協会　https://tenki.jp/bousai/knowledge/48ae160.html

　②家庭での備えについて考え、ホームプロジェクトとして実践する。

＊ホームプロジェクト〜我が家の災害対策プロジェクト〜　　<課題説明>

　①我が家の災害備蓄品リストの作成　②災害備蓄品からできる献立（災害時に役立つ献立）

3時間目㊞㊟

＊「災害救援用炊飯袋を使った炊飯実習」〜ハイゼックスを使用した炊飯実習〜

<生徒の感想>

・家にある備蓄について家族と考える機会になった。

・実習で行った「ツナジャガ」は思ったよりおいしくてびっくりした。　　など

●指導のポイント・
　おすすめする理由など

　自然災害を人間がコントロールすることはできないが、減災のための「自助」「共助」「公助」について知り、各自ができる努力について考えさせることは大切である。また、ハイゼックスを使用した調理は、米を炊くだけでなく副菜調理もできるので、ホームプロジェクトとして考えさせることができる。

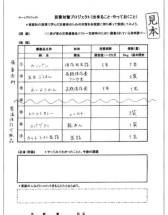

いつもも、もしもも考えて 〜フェーズフリークッションの製作〜

●科目 家庭基礎	●時間のめやす 8時間	●評価 (知) (思) (態)
●履修学年（人数） 1学年（40名×8クラス）		作品、ワンペーパーポートフォーリオ

<**時期**> 冬までに完成すると有用感が増す

<**目的**> 住生活と衣生活との内容横断型授業

・被服管理に必要な被服材料、被服構成などの基礎的・基本的な知識と技術を習得させ、目的に応じて工夫して健康で快適な衣生活を営むことができるようにする。

・安全、快適、健康な生活を行う場としての学校について、防火などの安全性や温熱に関する基礎的・基本的な知識と技術を習得させ、環境に配慮した住生活を営むことができるようにする。

<**内容・方法**>

1時間目：グループワーク (知)(思)

1 日常の学校生活における冬の衣・住生活の課題は何か、具体的な意見を共有する。

2 災害時の学校生活における冬の衣・住生活の課題は何か、具体的な意見を共有する。

3 「フェーズフリー」の概念で、災害時に備えて普段出来ることを考える。

4 「フェーズフリークッション」の見本を示し、配慮されていることや改善点を話し合う。

2〜7時間目：ペアワーク (知)(思)(態)

1 製作計画を確認する。／ 2 裁断・印付けをする。

3 膝掛けの周囲を額縁折り、三つ折りにし、ミシンをかける。

4 名札・ポケットをつける。

5 本体を縫い、中綿を入れる。スナップ・ひもを付ける。

＊各時間の最後に、ポートフォーリオを記入する。

8時間目：グループワークと全体発表会 (思)(態)

1 ポートフォーリオを元に縫い方のコツや改善点を共有する。

2 班ごとにクラス全体で発表する。

3 ポートフォーリオの授業の振り返りを記入する。

●**指導のポイント・おすすめする理由など**

・学校生活における衣・住生活の課題を考えることで、生徒は主体的になりやすく、グループワークで意見を共有することで、様々な考えに触れることができる。

・住生活と衣生活との内容横断型授業にすることで、防災と被服材料との関連を考えることができ、実習をとおして住生活の学びを具現化し、衣生活の学びを探究的にすることができる。

・問題解決型の被服実習にすることで、既習事項を活かし知識・技能を総合化することができ、生活で活用できる知識・技能が身につく。問題解決のために考え工夫しながらもの作りをする過程を経験し、もの作りの価値を感じることができる。

・ポートフォーリオで、主体的に学習に取り組む態度を育む。また、学習評価に活用出来る。

・フェーズフリークッションは1年生で製作するため、クッションや膝掛けとして温かく、3年生まで活用する生徒たちが多く、生徒たちに好評である。

<**教材の購入**>

三和商事　要望に応じて教材キットを作成（@ 1000 〜 1500 円 ） 047-334-0181

第2章 あんころでGO！ (住)(衣)(体)(課)(横)(安)

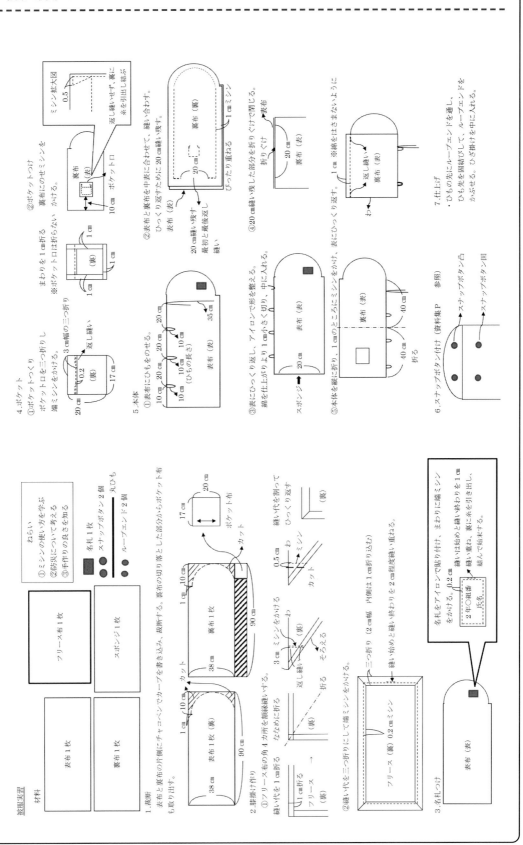

ポートフォリオを用いた被服実習の学習評価 Q & A

Q1　ポートフォリオの利点や学習評価への生かし方を教えてください。

⇒被服実習での学習評価は技能の習得だけでなく、実習を生かして知識と技能を関連づけることができたか、衣・住生活の問題解決の態度が向上したかを評価します。その評価のために、ポートフォリオはとても有意義な評価物になります。

　ポートフォリオは、実習の授業目標だけでなく、内容のまとまり（単元など）の学習目標に照らし合わせて作成され、教員が生徒個人の学びや学習進度を把握し、学習評価や授業改善をする際の指標となります。また一方で、生徒が自身の学習に向き合い、自己評価し学習を調整する際の手立てにもなります。

Q2　次ページのポイント❶〜❹は学習評価にどのように生かせますか？

⇒**ポイント❶**

　学習内容と自己評価欄を設けることで、教員と生徒は学習評価の規準を共有できます。そうすることで、生徒は自分の学習に対する見通しがつきやすくなり、学習目標達成の意識を喚起され、主体的に学習を行っていくようになります。また、教員はこの項目に沿って主に「**知識・技能**」の観点から被服作品などを評価することになりますが、授業での指導と学習評価がぶれにくく一体化しやすくなります。

⇒**ポイント❷**

　試行錯誤してどのように工夫して成功したのか、あるいはうまくいかなかったのかを考えることで、**問題解決の意思決定プロセス**を生徒自身が意識化し、身に付けることができます。課題を難なくできた生徒でも、これまでのどのような知識や経験が生きたのかを考えることで、授業で得た学びを概念化し自分の中で知識を再構成することができるようになります。ここでの記述は主に「**思考・判断・表現**」の観点からの評価が可能となりますので、毎時間具体的に書くように**ポイント❸**で粘り強く指導します。この部分が具体的に記述されることで、教員は「**主体的に学習に取り組む態度**」の観点からの学習評価もしやすくなります。

⇒**ポイント❸**

　教員からのコメントに対する返事を生徒が書くことで、ポートフォリオを通して、「対話的で主体的な深い学び」の実現が期待できます。生徒の記述に対して、「この部分を詳しく」「○○と比較して考察して」「○○の方法を試してみて」といった働きかけを行うと良いでしょう。このような毎時間のやりとりの積み重ねを通して、生徒自身も**探究的な問題解決のプロセス**を身につけることの重要性を理解していきます。

⇒**ポイント❹**

　生徒が自身の学びに気付き、自己肯定感を持って次の課題に向かうためには、授業での振り返りが重要です。しかし、生徒にとっては結果の印象が強く、学びを過小評価してしまいがちですので、授業ごとの記述をたどるように指導すると、自分の成長を丁寧に見取ることができます。また、協働的な学びからの気づきを生かしてどのように他者や社会と関わり、よりよい生活に生かそうとするかを評価します。このように問題解決力を育む学習活動を授業で繰り返し行います。そして、ホームプロジェクトや学校家庭クラブの活動につなげたり、定期考査やレポートでパフォーマンス課題などを活用し問題解決の意思決定プロセスの獲得を評価したりして発展させます。

＊本稿は、『中等教育資料』（発行：学事出版）における1月号「家庭　論説：高等学校家庭科における学習指導と学習評価の展望」の石島の論考を基礎に作成されている。

いつもももしももフェーズフリークッションポートフォーリオ　　1年　組　番　氏名

このポートフォーリオは、製作を通してみなさんが何ができるようになり、どのように工夫して知識・技能を習得したかをみるもので、**作品と同じくらい重要な評価物**です。自己分析を客観的にして、最後の発表会で伝えられるようにしましょう。

時	日付	学習内容	自己評価 1：できなかった 2：あまりできなかった 3：できた 4：よくできた **ポイント❶**	達成できた点の自己分析 ・どの点がよいか ・どのように工夫したか ・失敗しそうになったがうまくいった点 ・これまでのどのような経験が生きたか	改善点や具体的な課題 ・上手くいかなかった点 ・上手くいかなかった原因 ・改善策・次回の課題 **ポイント❷**	教員からのコメント	教員のコメントへの返事 **ポイント❸**
1	9/13	学校での日常の衣・住生活の課題に対する考えが深まった。	1・2・3・4	学校では制服やジャージなど決められたものを着ているので、普段何も考えなかった。震災の時の先輩の話を聞いて、普段から考えておく必要があることが分かった。<u>フェーズフリークッションはすごいと思った。</u>	決められたものをどう改善したらいいのかわからなかった。フェーズクッションを作りながら考えようと思う。	すごいと思ったところ　を3つ挙げてください。	1 椅子が硬くて疲れたが、これで楽だ 2 座ったときに冷たくない 3 もしもの時は、並べて眠れる
		学校での非常時の衣・住生活の課題に対する考えが深まった。	1・2・3・4				
		フェーズフリークッションを作成する意義がわかった。	1・2・3・4				
2	9/15	製作計画を理解することができた。	1・2・3・4	制作計画を聞いて、意外と簡単にできると思った。<u>カーブがうまく切れた。</u>	布が毛羽立って、印付けは難しかった。 ⇒改善策は？	カーブをうまく切るコツ　を3つ書いてください	1 布をまっすぐに伸ばす 2 布を持ち上げない 3 丁寧にやる
		正しくきれいな切り目で裁断ができた。	1・2・3・4				
		正しく見やすい印付けができた。	1・2・3・4				
（　略　）							
8	10/15	工夫点をグループワークで班員にわかりやすく説明できた。	1・2・3・4	班の人の工夫の説明がわかりやすかったので、次にやるときの参考にしたいと思った。	人にわかりやすく説明するのが難しかった。iPadを使って説明すればよかったと思った。	参考になった点は？	ミシンの初めは、手ではずみ車を回す。
		グループワークで他者の意見を聞き、参考にできた。	1・2・3・4				

＊上の表の授業ごとの自分の記載を読んで、以下の項目について自分の考えをまとめてみましょう！

①フェーズフリークッションづくりで工夫した点や作品の改善点を具体的に書いてください。

> 授業で取り組んだことを具体的に書くように指導します。どのように試行錯誤したのか、今後失敗した点などをどのように改善していくかについては、「主体的に学習に取り組む態度」の観点から、粘り強く学習に取り組む意思などを他の項目と整合性を確認しながら客観的に評価します。

＜自己評価＞
◎：工夫した点と改善点の両方が具体的に書けた。
〇：工夫した点と改善点のどちらかが具体的に書けた。
△：工夫した点と改善点が具体的に書けなかった。
自己評価記入欄（　　　　　）　　**ポイント❹**

②フェーズフリークッション製作で、班員やクラスの人と話合ったことをとおして、考えたことを具体的に書いてください。

> 今後、生徒たちが生きる社会においては、多様な人々と協働する機会が益々増えてくるでしょう。その際に、相手に自分の考えを説明したり、他者の説明を聞いたりしたうえで丁寧に説明し合うことが重要となるので、「主体的に学習に取り組む態度」の観点評価規準として示します。

＜自己評価＞
◎：話し合った点と自分の考えの両方が具体的に書けた。
〇：話し合った点と自分の考えのどちらかが具体的に書けた。
△：話し合った点と自分の考えが具体的に書けなかった。
自己評価記入欄（　　　　　）

③フェーズフリークッションづくりで学んだことのうちどのような点を生活にどのように生かせますか？できるだけ詳しく書いてください。

④あなたの衣・住生活の課題をあげて、今後どのように解決できるか考えたことを書いてください。

> この部分は、「思考・判断・表現」の観点から問題解決力について評価します。すでに理解していることやできることを、どう活用して問題解決につなげられたか、つなげられる資質が身についたかを評価します。このような設問を内容のまとまりごとに繰り返し行い、定期考査やレポートにおいてもパフォーマンス課題を出題します。生徒の学習状況に合わせて、記述式だけでなく、穴埋め式などを利用して、回答を促すように支援します。

災害時の食事について考えよう

●科目　フードデザイン	●時間のめやす　2時間	●評価	知	思	態
●履修学年（人数）　3学年（20名×1クラス）		ワークシート、レポート			

<目的>

地域の防災について地域の方のお話を聞き、災害などの非常時を想定し、非常備蓄食の準備やそれを活用した適切な調理をすることができるようにする。

<内容・方法>

(1) 講師を依頼する　みやぎ台自治会防災部会 (近隣の自治会の防災部会の方に講師をお願いしました。)

(2) 教員の話 知

①自然災害についての問に答える

自然災害に日頃から備えているか / 震度6以上の地震発生確率が全国で1番高いとされている市は？ / 電気・上下水道・都市ガスの大地震時の復旧目標は？

②船橋市の災害対策について理解する

「自助」…自宅避難を推奨している。食料品等の配給については持ちよりを基本方針としている。

「共助」…講師の方のお話のところで詳しく話していただく。

「公助」…船橋市では避難所に食料品等を備蓄しているが、全壊・焼失による避難者と帰宅困難者分しか想定して用意していない。（想定上では船橋市在中の人のうち、4万人に食料品等が行き渡らない。）

(3) 講師の方のお話

①みやぎ台の自主防災組織について知る

自主防災組織とは / 組織の役割分担 / 防災リーダーの役割 / 年間スケジュール / 防災資機材について / 防災訓練について / みやぎ台の人口分布について / 共助の大切さ　など

②非常食を食べる

(4) 学習の振り返り 思 態

自身の生活を振り返らせ、課題を設定させる。

<生徒の感想>

・近所の人の関わりがあまりないから近所の人への挨拶などを日ごろからしておくべきだと思った。近所と関わりがあれば災害のときに共助・近助ができるかもしれないから大事だと思う。公助は時間がかかるため、自分たちで動くことが大切だと思った。

・避難生活になった場合、楽しみが少ないと思うので食べ物だけでもおいしい物を選んで食べられたらいいと思うので、普段から乾パンや普通の缶詰だけでなく少し高くてもおいしくて栄養価の高い物を備えておくことが大切だと思った。

・あまりどんな非常食があるか知らなかったので、簡単におにぎりが作れるのを知れてよかった。自分の家にも備蓄はあるけど1週間分はないので、家族と話して増やそうと思った。近所とは挨拶程度なのでもっと助けられる付き合いになりたいと思った。みんなで助け合うことがもっと大切だなと思った。

●指導のポイント・おすすめする理由など

・自治会の防災部会は高齢の方が多いため、これまでの経験が豊富である。阪神淡路大震災等の経験を踏まえたお話を聞くことにより、生徒一人ひとりが「自助」「共助」の必要性について理解が深まったようである。

・授業後にホームプロジェクトを実施させることにより、"自分や家庭、地域の生活の充実向上を図るために実践しようとしているかどうか"をみとることができる。

3：持続可能なくらし

衣服を長持ちさせるには ～しみ抜きに挑戦しよう！～

●**科目** 家庭総合　　　●**時間のめやす** １時間　　　●**評価** 知 思 態

●**履修学年（人数）** １学年（40名×６クラス）　　ワークシート

＜時期＞

被服管理、持続可能な衣生活の学習

＜目的＞

被服にしみがついてしまったとき、どのようにして落としたらよいか実際に試してみることで、汚れ落ちのしくみを理解し、手入れの大切さを理解する。

＜内容・方法＞ 知 思

【授業の流れ】

1　被服にしみがついて困った経験を聞く。対処法を考える。

2　班ごとにしょうゆのしみ抜きに挑戦する。

3　しみ抜きと経過時間の関係について班で発表する。

4　他のしみの種類やしみ抜き方について学習する。

試験布A　　試験布B

【実験方法】

試験布：A　１週間前に醤油をつけたもの　　　B　授業開始時に醤油をつけたもの

方法：まずは水洗いで試す。その後洗剤を使って洗う。最後に漂白剤を使用する。

●**指導のポイント・おすすめする理由など**

講義、実験実習、グループワーク、発表と１時間の中に取り入れることができ、生徒が飽きずに学習を進めることができた。結論はしみが付いたらすぐに落とそう！という単純なことだが、自分たちで確認して導き出した答えは印象に残ったようだ。衣服を長く大切に着ることに繋がるものであり、持続可能な衣生活を実践する上で有効であると考える。

＜教室でもできる！　しみ抜き実験＞

●**ビーカーで観察　水性汚れ VS 油汚れ**

①ビーカーを２つ用意し、それぞれに水とベンジンを入れる。

②布にA しょうゆとB ラー油のしみを付ける（各２枚）

③水のビーカーにA の布を入れて振る。

④水のビーカーにB の布を入れて振る。

⑤A とB の汚れの落ち方を比較する。

⑥ベンジンのビーカーにA の布を入れて振る。

⑦ベンジンのビーカーにB の布を入れて振る。

⑧A とB の汚れの落ち方を比較する。

●**個人で１種類、クラスで８種類の実験**

①前日と直前にしみをつけた布を配る。

しみはしょうゆかファンデーションのどちらか１種類。

②洗剤（水、中性洗剤、クレンジングオイル、酸素系漂白剤）のうち１種類を配る。

③綿棒に液剤をしみこませ、しみをたたく。

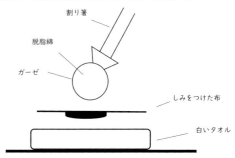

割り箸
脱脂綿
ガーゼ
しみをつけた布
白いタオル

④結果をプリントに貼り、しみの落ち具合を観察して結果をまとめる。

⑤プリントを実物投影機で共有し、クラスで全種類の実験結果をまとめる。

第2章 あんころでGO！

環 衣 体 横 科

3：持続可能なくらし

ファストファッションについて考える

●科目　家庭基礎	●時間のめやす　1時間	●評価　㊗　㊗　㊗
●履修学年（人数）　2学年（35名×4クラス）		ワークシート

<時期>

衣生活の学習の後半

<目的>

　環境に配慮した消費者としてできること、すべきことを考えるため、身近なファストファッションの仕組みと現状を理解し、衣服管理について学ぶ。

<内容・方法>

①自分の所有衣服を確認する。㊗

②映画「ザ・トゥルー・コスト〜ファストファッション　真の代償〜」を視聴する。㊗㊗

　ワークシートに記入しながら、各項目について考える。

　・ファストファッションについて知る　　　・皮革の生産と生産者の健康被害

　・ダッカで起きた縫製工場の崩壊事故　　　・バングラデシュの状況

　・遺伝子組み換え作物の綿について　　　　・アウトソーイングによる労働環境　等

③今後どのように衣服管理をするか考える。㊗

<生徒の感想>

・同年代の子が母となり、子どもや家族を守るために働いていることに驚いた。流行っている服に関心があったけれど、もっと大事に着ていきたい。

・大事に着ることも大事だけれど、買わなきゃバングラデシュの人は収入がなくなって生活できなくなる。やっぱり適正な価格が大事？

●指導のポイント・おすすめする理由など

　自分の勉強のために視聴し、深刻な現状に衝撃を受けたこと、消費者として知らなくてはならないことだと考え授業に取り入れた。普段、何気なく購入している衣服が、どこで、どのような人によってつくられているのか。商品の価格に織り込まれていない労働条件のコストを考えられているのか。映画を全編見ることが理想的だが、家庭基礎で時間が限られているため、PR映像のみ視聴した。視聴時間は2分と短いが、教室の電子黒板を使い、ポイントごと止めて説明をし、ワークシートへの記入や話し合いもするため50分では足りないくらいである。

　話し合いを見ていると、生徒はしっかり情報収集して判断したうえで購入していることがわかる。日々の小さな判断や行動のひとつひとつが、多くの人や環境に大きく関わっていることを知り、実生活を見直すきっかけになったと答える生徒が多い。様々な分野に関連付けて説明するとより生徒の興味をひき、実生活に生かせると考える。

　「知る」ことの重要性と、そこから変化する価値観に注目し、他人の考えを知ることで、持続可能な社会のため、消費者として責任ある行動がとれるようになることを期待している。

使用映像：映画「ザ・トゥルー・コスト〜ファストファッション　真の代償〜」

（販売元：ユナイテッドピープル）

～ファストファッションについて考える～

☞あなたは自分の衣類を把握していますか？
アウター：　　枚　トップス：　　枚　ボトムス：　　枚
バッグ：　　個　靴：　　足　帽子：　　個

☞あなたの衣類はどこで購入したものですか？

※書き出した中で「ファストファッション」と思う店名に○をつけましょう。

☞「ファストファッション」とは？

☞「ファストファッション」の魅力は？

☞映画『ザ・トゥルー・コスト～ファストファッション 真の代償～』
PR映像を見て考えよう

①バングラデシュ・ダッカで起きた縫製工場の倒壊事故
《縫製工場の状況》

《働く女性の労働環境》

②皮革工場からの汚染水の影響で皮膚にダメージをうける
《縫製工場の状況》

③綿花
《綿花の種》

《児童労働》

《綿花生産者の健康と寿命》

☞現状を知って、どう思いましたか？

☞今後、どうしていきたいですか？

☞買いすぎない工夫など

年　　組（　　　）

衣生活の文化と知恵 〜ふろしき講座〜

● **科目** 家庭総合 ● **時間のめやす** 1時間 ● **評価** 知 思 態
● **履修学年（人数）** 1学年（40名×6クラス） ワークシート

＜時期＞ 衣生活の学習の最後

＜目的＞ 自分自身を取り巻く衣生活環境、及び日本独自の衣文化を知るとともに、繊維製品の特徴を学び、今後の衣生活に活かす。

＜内容・方法＞

1　日本独自の衣生活の文化 知 思 態

　和服と洋服の違いは何か、「平面構成」と「立体構成」の違いと特徴について学習する。

2　ふろしきの活用方法 知

　①ふろしきの歴史、使用される柄、日本の伝統的な文様についてワークシートの図を示して確認し学習する。

　②エコや防災との関連性について学習する。

　③ワークシートの図を確認しながら、"基本の真結び"を練習した後、いくつかの活用方法を実践する。

3　実生活への取り入れ方を考える 思 態

　①紙や袋を使用しないことからSDGsの目標7・13・14・15に対し一度にアプローチ可能な、ふろしきを使用したラッピング方法を紹介する。

　②ふろしきの流行や人気の柄、購入方法について紹介する。

＜生徒の感想＞

・衣服の文化によって違いが大きく、洋服と和服で完成が変わるということを学べたので良かった。また、ふろしきの使い方は結び方によって変えることが出来るので便利だと思った。

・一枚で色々なものに形を変えられて凄いと思った。結び方に慣れるまでが意外と難しかったが、慣れさえすればとても便利に活用できると思った。

●指導のポイント・おすすめする理由など

・外国の方に自国の衣文化を紹介できるようになることが一つの目標であるため、まずは生徒自身がふろしきに興味を持つことが必要である。

・生徒自身が自ら活用方法、新しい結び方を考えられると尚良い。

・ふろしきの用意がなくても、バンダナや大きめの布を使って授業を行うことができるので様々な学校環境に対応できる。

・授業内で紹介するふろしきの活用方法は全体のほんの一部であるため、教科担当の裁量で展開に応用が利く。

・指導の結果として、体操服や修学旅行の着替えをお気に入りの布に包んで持参する生徒がいた。また、ホームプロジェクトで不要になった衣類の活用を考える生徒が増加した。

〈協力〉ふろしき王子　横山功先生

第2章　あんころでGO！　環 衣 体 横 伝

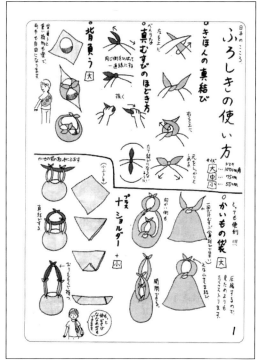

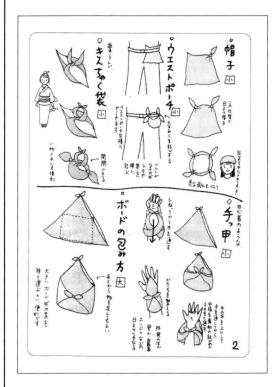

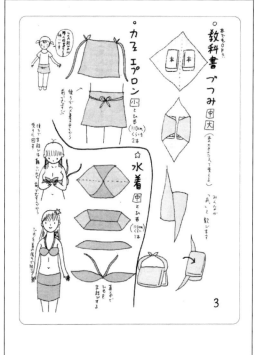

3：持続可能なくらし

フードロスについて考える ～私の行動宣言～

●**科目** 家庭基礎	●**時間のめやす** 1時間	●**評価** 知 思 態
●**履修学年（人数）** 1学年（40名×9クラス）		作品

第2章

あんころでGO！

環 食 体 言 横 国

＜時期＞

食生活の学習のまとめ

＜目的＞

「食品ロス」「MOTTAINAI」をテーマにグループワークを行い、食品の購入から後片付けまで環境や国際社会に配慮できることが多数あることを発見・共有し、自分の今後の生活でできる行動を考えさせる。

＜内容・方法＞

1　班ごと（5～6人ずつ7班）に着席。前時の学習内容（世界の食卓・地産地消・フードマイレージ）について振り返る。模造紙と黒マジックと赤マジックを各班に置いておく。知

2　「わが家のMOTTAINAI」の調査報告をしよう　※前時の宿題としておく
　家で見つけた「我が家のもったいない」ことを各班で発表し、ウェビングマップ状に黒マジックで記入する。「・・・し過ぎ」「・・・が足りない」「・・・ができていない」といった書き方を伝えて、記入しやすくする。どの方向からマップに書いてもよい。思

3　企業や業界団体の取組がわかる動画を視聴し、現代の食生活の問題と環境への影響を理解する。使用したのは、「NHK クローズアップ現代～このままでは"もったいない"動き出した食品ロス対策～」知
　↓ Web 上で視聴できるこちらもおすすめ↓
　・「クローズアップ現代＋」ショート動画　おいしく減らそう食品ロス
　・九州ゴミ減量化推進協議会　食品ロス削減啓発動画
　・政府インターネットテレビ　フードロス関係動画

4　「MOTTAINAI」削減会議をしよう思
　個人や家庭、学校や地域でできる行動について話し合い、赤マジックでマップに記入する。

5　ほかの班の会議録を見てみよう（マップツアー）
　ほかの班のマップを自由に見て回る。自分の班に戻ったら、異なる点や新しい解釈などを報告し合い、共有する。思

6　「私の行動宣言」を決めよう態
　授業全体を通じて「これは実際にやろう、やってみたい」と思ったことを、ひとつだけ付箋に記入する。小さな作戦でも些細な行動でも、多くの人が取り組むことが大切であることを気づかせる(プリントの感想欄で確認する)。終わりの挨拶のあと、行動宣言シート（大樹のイラスト・付箋は花や葉の形状を用意）に付箋を貼り、プリントを提出して退室する。行動宣言シートは掲示して、自由に閲覧できるようにしておく。

●指導のポイント・おすすめする理由など

　グループ学習、ウェビングマップを取り入れた。おとなしくて発言しづらい生徒も小グループで書き込むことで参加しやすい。生徒自身の消費者としての毎日の生活行動が、未来の食糧問題、環境問題に大きく影響することを強調し、自覚を促した。

▼生徒が作成したウェビングマップ

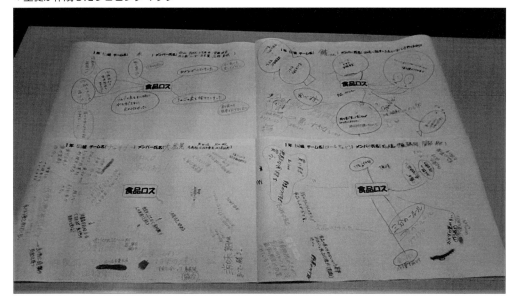

▼私の行動宣言

洗い物の時、
水を出しっぱなしにしない！

ビュッフェとか、
食べ物をとりすぎない！

食べきれない量の時は、
手を付ける前に減らしたり
友達にあげる！

冷蔵庫の中身を
いつも把握して、
腐らせない

半額セールとか、惑わされずに
食べられる量だけ買うようにする

食べられない国の人のことを考えて、
絶対残さない！

電力自由化と持続可能なエネルギーを考える

●科目	家庭基礎	●時間のめやす	2時間	●評価	知	思	態
●履修学年（人数）		2学年（35名×6クラス）		ワークシート			

＜時期＞ 住生活学習の最後

＜目的＞ 電力自由化に伴い、持続可能な社会のために消費者である私たちはエネルギー供給についてどのように考え行動したらよいかを考える。

＜内容・方法＞

1時間目 知

1　環境共生住宅とは何か

住居分野では、自然をうまく取り入れた住まいとして「環境共生住宅」について学習する。

2　電力自由化とは何か

2016年4月以降、電気の小売業への参入が全面自由化されることにより、全ての消費者が、電力会社や料金メニューを自由に選択できるようになった。

2時間目 知 思

3　持続可能な社会のために電力はどのように選んだらよいか考える

①環境負荷を低減、地球環境保全に貢献するためにはどんな電力を選択・購入するのがよいか、化石エネルギー、非化石エネルギーに分けそれぞれの長所、短所を資料で示して確認し考える。

②世界各国の発電方法の違いを資料（下図参照）で確認し、なぜ国によって違うのか考える。

③ドイツが「脱原発」を宣言し再生可能エネルギーをどのように進めているのか資料を読む。日本との違いを考え、エネルギー供給についての自分の考えをまとめ発表する。

＜生徒の感想＞

ドイツは他国で起こった事故を他人事と思わず即座に脱原発にかじを切ったことは非常に大切だ。電力自由化も一般家庭に浸透しているため各家庭がきちんとした考えを持っていて企業と対等な関係を築こうとするところが日本にはまだ欠けているかもしれないと思った。

●指導のポイント・おすすめする理由など

・持続可能な社会のために消費者は、電気をどの会社から購入するか主体的に考えていくことが必要である。

・ドイツの事例から、日本のエネルギー問題に関心を持ち、資料から自分の意見を考える。

・答えは一つではないのでいろいろな立場の意見を知り、自分の意見を表明できるように考えさせる。

（https://sustainablejapan.jp/2017/03/10/world-electricity-productio）n/14138)

参考：2022年に脱原子力完了～ドイツエネルギー政策のこれまでとこれから

https://www.fepc.or.jp/smp/library/kaigai/kaigai_topics/1260470_4815.html#:~:tex

「原発と放射能を考える！いのちとくらしを守る15の授業レシピ」（合同出版）

"お金"とどうつきあう？

●科目 家庭総合	●時間のめやす　１時間＋夏季休業課題	●評価	知	思	態
●履修学年（人数）　３学年（40名×8クラス）		ワークシート			

<時期> 消費生活の学習の後、長期休業中の課題として実施

<目的> 若者の消費行動のなかで、何をどう選んで購入していくかは個々の判断によるものが大きい。「人間の感情や性格などが働いて、自分の消費行動（＝お金の使い方）には傾向があるんだ」と分かれば、無駄遣いを未然に防ぐことも、その程度を軽減することもできる。レシートを活用した課題を行い、自分の傾向に気づき、今後の消費行動を見直すきっかけとする。

<内容・方法>

1　自分のお金の使い方を振り返り、お金の使い方ランキング５位から１位まで考える。思

2　生徒同士でランキングを発表する。（ペアワークか小グループ）

3　動画、資料を使用し①〜⑤のデータや金額を発表する。（ワークシートに記入）知

　①高校生のお金の使い方ランキング

　②将来に必要な金額（大学進学費用・結婚費用・住宅取得費用など）

　③10代の貯金事情

　④行動経済学で自分の傾向を知る

　⑤お金の管理術　⇒⇒⇒　４で実践

4　課題レポートの説明思

　・１週間分のレシートを集め、種類毎に分ける。

　・本当に必要だったのかを再検討して○△×を記入し、合計を計算する。

　・自分のお金の管理状況を把握し、△や×を減らすためにどうすれば良いか考える。

　・今後の生活につなげていくための考察・目標を記入し、夏季休業明けに提出。

<生徒の感想>

・×のレシートは友達につられてコンビニで買い食いしたものばかりだった。よく考えて買い物するようにしたい。

・１週間で1,000円近く無駄遣いをしていた。部活の後におなかが減るので、家から食べるものを持ってきて節約しようと思う。

・将来のために少しずつ貯金をして、ライフイベントや大きな買い物に備えたい。

●指導のポイント・おすすめする理由など

・授業では録画した動画を利用した。インターネット上のランキングデータ等も活用できる。

・課題レポートは最低でも１週間調査するように指示したが、１か月または夏季休業期間すべてレシートを集めた生徒もいた。

3：持続可能なくらし

将来の経済生活を考える ～金融商品について理解しよう～

●**科目** 家庭基礎　　　　●**時間のめやす**　1時間　　　　●**評価** ㊚ ㊙ 態
●**履修学年（人数）** 3学年（40名×16クラス）　　　　考査、オンライン入力

第2章

あんころでGO！

㊛㊝㊵㊹Ⅰ

<**時期**>　経済分野のまとめと高齢者分野の導入

<**目的**>　・高齢期の経済生活について想像し、各種金融商品の特徴を理解する。

　　　　　・中長期的な経済計画の必要性について考えを深める。

<**内容・方法**>

1　高齢者世帯の暮らしについて考える。

　①前時の復習　【Forms入力】

　※高齢者世帯の主な収入源は、公的年金が約60％を占めることを確認する。

　②公的年金制度について知っていることを共有する。【ペアワーク】

　③高齢者世帯は不足する費用をどのように準備するかを考える。

　※資料『高齢社会における資産形成管理』（金融庁資料　市場ワーキング・グループ報告書）

2　貯蓄・投資ゲームを行う。【班活動】　用意する物：トランプ、サイコロ、ホワイトボード

　4人班＝家族という設定。投資をするかどうか等を話し合いで決め、ゲームを進める。

　①トランプ（出来事カード）を引く。

　②代表者は結果をホワイトボードに記入する。

　③各班の結果を全体で共有する。※投資をせず、すべて貯蓄した場合の金額も確認する。

3　金融商品について理解する。【班活動】㊚

　①班で分担し、各金融商品の特徴をインターネットで調べる。

　Ａ：普通預金と定期預金　　　Ｂ：国債　　　Ｃ：株式投資　　　Ｄ：投資信託

　②班の中で発表し合い、金融商品の特徴を確認する。

　※各金融商品の「安全性・流動性・収益性」を考え、表に記号を記入する。

4　本時のまとめ【Forms入力】（次回の導入として利用）㊙

　①「卵は一つのかごに盛るな」の意味を確認する。

　②本時の学習内容のまとめを入力する。※ワード指定：リスク・リターン

<**生徒の感想**>

・投資にあまり良いイメージがなかったが、余裕があるなら挑戦したい。

・退職金を一括投資したが、実際はリスクが高く、そのようなことはできないと感じた。

●**指導のポイント・おすすめする理由など**

・金融商品について知るとともに、生活設計について考えるきっかけとなる授業である。

・ゲームは生徒の興味を引くが、投資＝ギャンブルではないことを適宜伝える。

・教員の解説の前に生徒が調べて班員に伝える場面を作り、理解を深められるようにした。

・金融商品については生徒の知識に差があるため、教員のフォローが不可欠である。

・ボリュームのある授業なので2時間に分けて丁寧に解説をしたり、iDeCoやNISA、貯蓄の

　リスクについて扱ったりしてもよい。

・この後の授業で年金や介護保険について扱い、将来の経済生活をイメージさせたい。

参考資料：金融広報中央委員会：『金融教育プログラム（全面改訂版）－社会の中で生きる力を育む授業とは－』
（2016年2月）pp.191～198　リスクとリターンを体験してみよう－意思決定の重みを実感できるか－

貯蓄・投資ゲーム　～リスクとリターンを体験しよう～

◆ルール
給与から生活費を引いて残りの金額を預金するか、投資するか選びます。
（例えば、半分預金、半分投資など振り分けることもできます。）
2回目以降は、生活費の残りだけでなく、資産も含めて投資しても構いません。
投資する場合はサイコロを振ります。
出た目によって投資した金額（＝元本）がどうなるか決まります。

◆結果を表に記入しよう。
＊25歳までは、
サイコロを振って
1・2が出たら元本1/2倍。
3・4が出たら元本そのまま。
5・6が出たら元本1.5倍。

	20歳	25歳	30歳	40歳	50歳	55歳	60歳	定年時
給与（円）	300万	350万	400万	500万	600万	700万	600万	2000万
生活費	280万	300万	400万	450万	500万	500万	400万	2000万
残り	20万	50万	0万	50万	100万	200万	200万	
預金額								
投資額								
結果								
資産								

（単位：円）

＊30歳以降は、投資する場合、トランプ（出来事カード）を引いてからサイコロを振る。

プラスの出来事
1. 新興国で急成長
2. 電化製品の売れ行き好調（高度経済成長期）
3. 株価、地価上昇（バブル経済）
4. ITバブル
5. 大胆な金融政策（アベノミクス）

マイナスの出来事
6. 超均衡予算（ドッジライン）
7. 為替大混乱（ニクソンショック）
8. 資源国で紛争（オイルショック）
9. 急激な円高（プラザ合意）
10. 世界金融危機（リーマンショック）

1が出たら元本1/2倍
2が出たらそのまま
3・4が出たら元本2倍
5・6が出たら元本3倍

1・2が出たら元本0。
3・4が出たら元本1/2倍。
5・6が出たらそのまま。
6が出たら2倍。

◆結果
総資産　　　　　円
（ちなみに、投資せずすべて預金した場合＝　　　　　円）

本時のまとめ　　　3年　　組　　番　氏名　　　　　　LR

①貯蓄と投資の方針

②金融商品の種類と性質
調べよう：各種金融商品の特徴は？

A　普通預金と定期預金の違いは？

B　国債とは？金利は？

C　株式投資とは？

D　投資信託とは？

考えよう：3つの性質について、「高い」「低い」を考え、○・△・×を記入しよう。

	普通預金	定期預金	国債	株式
安全性 元本保証や預金保険制度の対象になっているか？				
流動性 資金が必要になったとき換金・中途解約が可能か？				
収益性 より高いリターンが期待できるか？				

③金融商品のリスク管理
「卵を1つのカゴに盛るな！」という言葉がある。「卵」＝金融商品」と置き換えて考えると、どのような意味になるだろうか？

＜参考＞
リスクリターンの関係

リターンを求めるとリスクも大きく
投資信託は投資する対象がさまざまなので、リスクリターンの大きさもさまざま

（投資信託協会HPより）
（form）

④まとめよう：将来の経済生活について中長期的な視点で考えよう。

身近に潜む悪質商法 ～騙しの手口を考えて演じてみよう～

●科目 家庭基礎	●時間のめやす 4時間	●評価	知 思 態
●履修学年（人数） 3学年（39～42名×8クラス）		ワークシート、発表	

<**時期**>

消費分野のまとめの学習

<**目的**>

本校では多くの生徒が卒業後は進学し、親元を離れ一人暮らしを経験する。悪質商法や消費者トラブルに巻き込まれる若者が後を絶たない中、例年、新生活が始まる時期から若者を狙った商法が目立ってくる。こうした被害に遭わないためにも、詐欺師の立場に立ち、騙しの手口を考え、劇を演じる中で、対策や解決法を見いだすために実施した。

<**内容・方法**>

1時間目 知 思

1　最近の消費者トラブルについて教科書や資料集・新聞記事を読んで学習する。

2　ＤＶＤ「はじめての金融ガイド」を視聴し、金融取引の基礎知識を理解し、感想を書く。

2時間目 思 態

3　グループを作り、シナリオ作りの参考となる資料やパンフレットを参考にしながら、業者側・消費者側のセリフが入ったシナリオを考える。タイトルも考える。

3時間目 思 態

4　10分程度打ち合わせの時間を取り、発表順を決めて黒板にタイトルを書く。グループごとに発表を行う。

5　他のグループの発表を見て、感想をプリントに書く。

4時間目 知 思 態

6　発表を振り返り、悪質商法の被害に遭わないために気をつけておきたい予防策を発表する。消費者を守るための法律や制度、公的な救済機関の利用についても補足する。

7　クーリングオフ制度について理解し、架空の契約内容を想定して、通知書の書方を練習する。

<シナリオ記入用のワークシート>

年　組　番　名前

やってみよう！
①悪質商法の契約場面について、業者と消費者のセリフを考えてみよう。
②シナリオにそって、演じてみよう。

順番・発表者	タイトル	コメント
1.		
2.		
3.		
4.		
5.		
6.		
7.		
8.		
9.		
10.		
11.		
12.		

演じてみてどうでしたか？被害にあわないためにどのようなことが大切だと思いますか？

第2章 あんころでGO！ 消 体 言

＜生徒の感想＞

・慌てて冷静な判断力を失わないために、日頃から自分が被害に遭うかもしれないという危機感を持つ必要があると感じた。相手の話を鵜呑みに信じるのではなく、きちんと違う方法で確認する。怪しいと少しでも思ったらその場で断ることが大切である。

・物を購入する前にその商品の相場を調べて、自分だけで判断せず、周りの人に相談するべきだと思う。騙す方の気持ちになってみて注意しなければいけないことを改めて確認することができた。

・サービスも受けられず、求めてもいない商品を強制的に買わされて、代金が払えず多重債務にもなりかねない。

・無料招待でしかもライブ後の気分が高揚しているときなら安易に応募してしまうと思う。

・本当のことなのか判断する間もなく、話が進んでいったので、払わなくてはという気持ちになりやすい。

●指導のポイント・おすすめする理由など

・既に実施済みの調理実習のグループ（4～5人×9班）を活用したため、グループを作る時間がかからなかった。

・昨年の生徒が考えたシナリオの中からよくできているものを選んで、コピーラミネート加工し、黒板に掲示しておくと、話し合いが滞っている班も、イメージをつかみやすくなった。

・グループによってシナリオ完成までの時間に差がある。早く完成したグループは、発表の練習をするように伝えた。ナレーションをつけたり、小道具（サングラスやスマホ）を用意したり、コント風に発表してみたりと、グループにより様々な工夫がみられ、発表は予想以上に盛り上がった。他のグループの発表も身を乗り出すように集中して見ていた。

・少人数でもこんなに多くの手口が思いつくことへの驚き、詐欺の手口が巧妙化していく現状にも気づくことができた。日頃からニュースをよく見て、社会で起きていることに目を向けて、自分だけでなく、家族にも注意喚起したいという感想が多数あった。

・生徒の自宅にもオレオレ詐欺の電話がかかってきたことがある等、実際に詐欺まがいの電話やメールが届いた実体験をもとにシナリオを作成したグループもあった。思った以上に生徒にとっては身近な問題と感じているようだ。

＜感想記入ワークシート＞

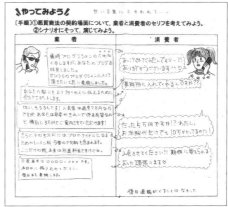

参考文献・パンフレット：

千葉県消費者センター　若者向け悪質商法被害防止キャンペーンの実施について

https://www.pref.chiba.lg.jp/customer/press/wakamono-2020.html

第2章　あんころでGO！ 消 体 言

89

50分でできる調理実習のあんころ

　おかげさまで、前回の「あんころ」でも50分でできる調理実習のページはご好評をいただきました。年々、家庭基礎を履修する高校が増え、授業時間数が限られている上に、コロナ禍で少人数実習が推奨されるなど、調理実習に関する悩みは尽きません。以下の事例がご参考になれば幸いです。

(1) 上手に分担して

●クラスみんなで協力！〜中国料理献立〜

【献立内容】棒棒鶏・麻婆豆腐か八宝菜・三糸湯・春巻・牛奶豆腐　等

3班合同で分担調理し、大皿3つに盛り付け、他班と料理を交換し取り分けて試食する。

【おすすめポイント】

①中国料理は味付けがしっかりしており、ボリュームもあるため、生徒が好む献立である。

②合同班にすることで、品数が増え、中国料理のフルコースに近い構成となり、達成感が得られる。

③大皿に盛り、取り分けて食べる「中国料理」の形式をとおして、大勢で食べる美味しさとともにマナーの学習へ繋げることができる。

●クラス2分割で簡単ピザ

【献立内容】ピザ（ベーコンとチーズ）

クラスを2分割にし、2時間連続の授業を1時間ずつで学習する。(1時間：調理実習 1時間：調べ学習)

調理をしない1時間はベーコンの表示を見て、ワークシートで食品表示についての学習に取り組む。(ベーコンは価格の異なる2種類を準備する)

【おすすめポイント】

①市販のピザクラフトとソースを活用し、1時間(50分)で簡単に本格ピザができる。

②調理実習だけでなく、加工品(ベーコン)の調べ学習もでき、学びがより深まる。

【応用例】

ベーコンとチーズ以外にも、野菜(ピーマンや玉ねぎ、トマト等)を乗せても美味しい！

栄養バランスを考えた「自分のピザトースト」等を考えたりと「新しい学び」へ繋がる。

(2) 初回授業(調理室の使い方)や包丁指導におすすめ実習例

【献立内容】カップケーキと白玉団子
ホットケーキミックスでカップケーキと白玉粉と豆腐で白玉団子を調理する。
【おすすめポイント】
①混ぜて焼くだけ、混ぜてゆでるだけの簡単調理工程！
②家でも調理してみたいという生徒のきっかけづくりになる！

【献立内容】生春巻き
市販のライスペーパーを活用した生春巻き、同時進行で杏仁豆腐も調理可能。
【おすすめポイント】
①生春巻きの具材(胡瓜・人参)は細切りにするので、食材の切り方・包丁の使い方の学習に繋がる。
②火を使わないので、安全に短時間で調理できる。

(3) 油の処理が大変…でも大丈夫

【献立内容】アメリカンドッグ
ホットケーキミックスで簡単にできる。フランクフルトのような長いソーセージの場合は、背の高いコップに生地を注ぎ、フランクフルトをコップ内の生地につける。小さいサイズが良ければ、ソーセージを半分〜1/3に切って爪楊枝に刺し、ボウルに入れた生地へつける。
【おすすめポイント】
手を汚さず、簡単に調理できる。

【献立内容】ごま団子
白玉粉と市販のあんこで簡単に調理できる。味のブレと失敗が少ないので生徒からは高評価。一緒に烏龍茶を入れると本格的な飲茶に！
【おすすめポイント】
生地の水加減と油の温度管理の勉強になる。

〜油の処理について〜
大きな中華鍋ではなく、やや小さめの揚げ鍋に買い換えることで、1回の油の使用量を減らすことができます。同じ週に実習がある場合、数日は使いまわし、（放課後の調理部の活動も揚げ物にして…）カスはこちらで取り除き、冷めたらアルミホイルで覆い、酸化を遅らせ、最後は固めるテンプルで固めて処分しています。

(4) コロナ禍でも工夫して調理実習を

【献立内容】きんぴらごぼう
クラスを2分割して「きんぴらごぼう」の実施。1回目は練習、2回目は実技試験という位置づけで行う。実習をしない生徒は教室で、既習内容のまとめを行い、空き時間の教員で対応した。（学習内容を踏まえたうえで考えを400字程度にまとめる問題を数問・Formsで回答・答えが1つでない問題）
コロナ対応で、実技試験は、調理台に1人×9台、を2〜3セット行う。1人ずつの調理道具を使用。調味料も各テーブルに小さい瓶を購入する。試験をしない人は椅子に座って離れて待機する。
【おすすめポイント】
①生徒にとっては難しい「調理の基本 (千切り・火加減)」が習得できる。
②栄養バランスも良いおかずであり、将来を見据えた学習 (ひとり暮らしの献立等) に活用できる。

【献立内容】マーラカオ
蒸し器を使用し調理する。材料は薄力粉、ベーキングパウダー、卵、三温糖のみ。混ぜて焼くだけの簡単な献立だが、ほんのり甘く、出来立てが一番美味しい1品。コロナ禍では、試食せずにラップで包んで持ち帰らせた。
【おすすめポイント】
①家庭では珍しい蒸し器を使用するので、生徒には新鮮な体験となる。
②日頃喫食している蒸しパン (市販品) との「甘さ」を比べることで、砂糖の量の多さに気づくことができる。(市販品と手作りの違いと良さを考えた発展課題等に取り組むことも可能)

（5）短時間なのに本格的

【献立内容】ドライカレー
ひき肉とみじん切りにした玉ねぎ（ピーマンなどを加えても可）を
炒め、小麦粉を加えてさらに炒める。カレー粉、塩コショウ、ケ
チャップを加え、水を加えて水気がなくなるまで炒める。
【おすすめポイント】
煮込み時間が少なく、時短になる。

【献立内容】ビーフストロガノフ
牛肉の薄切りと玉ねぎ（しめじなどを加えても可）を炒め、しんな
りしたら小麦粉を加えてさらに炒める。牛乳と生クリームを加えて
仕上げる。(デミグラスソース缶を使うとハッシュドビーフになるが、
味がいろいろで、牛乳で仕上げたほうが生徒には好評だった。)
【おすすめポイント】
①料理名は聞いたことある…でも作ったことがない！という生徒が
　多いので、自分で作れるという達成感を感じやすい。
②サワークリームを使用するとより本格的な味に！

【献立内容】キャベツと鶏肉のワイン蒸し
鶏肉は一口大にし塩コショウを振る。キャベツは食べやすく切る。
フライパンで鶏肉を炒め、色が変わったら白ワインを加える。キャ
ベツと水、固形スープを加えて、火が通るまで煮る。塩コショウで
味を調える。トマトの水煮缶を使ってトマトソースにしてもよい。
粉末パプリカを使えば、ハンガリー料理のグーラッシュ風になる！

1つ1つの作業が短時間でも、同時にコンロが使えなかったり、
一人がつきっきりで仕上げなければならない調理が重なったりす
ると、かえって時間がかかることがあります。汁物と炒め物など
を組み合わせ、盛りつけも丁寧にできる献立がよいですね。

少ない手順で簡単においしく作れると、
生徒の意欲も高まりそうです！

時短なのに本格的な献立ができるのって
生徒の自信にも繋がりそう！

【献立内容】さばの味噌煮
さばの切り身を購入して、フライパンで調理する。味を早く染み込ませるため、アルミホイルの落し蓋を活用するのがポイント。本格的な和風献立が時短で完成する。
【おすすめポイント】
①フライパンに切り身と調味液を加えて煮るだけなので、調理工程が少なく、同時に違う献立 (みそ汁や小鉢のおかず等) を調理できる。さらに、付け合わせも一緒にフライパンで調理できるというメリットも…！
②簡単なのに本格的で、生徒にはとても好評！難しいイメージの「和食」の調理に取り組むきっかけとなる。

【担当した先生より】
特に、男子生徒に好評だった記憶があります。さばアレルギーの生徒にはかじきまぐろを購入し、ひとりだけ別鍋で作りました。

【献立内容】ルーローハン
豚肉を炒め、照り焼き味をからめる。五香粉をふることでルーローハン風になる。しいたけ、青梗菜などと一緒にごはんに合わせる。
【おすすめポイント】
①作業工程は、切って炒めるだけなので、生徒も取り組みやすい。
②中国料理で使用される香辛料の調べ学習も取り入れると、学びが広がる！
【関連する授業展開例】
①中国料理の献立名の意味を調べよう！
②香辛料の種類や特徴を調べよう！　等

【献立内容】豚肉のピカタ
薄切りの豚肉に塩コショウと小麦粉を振り、溶き卵をくぐらせてフライパンで焼く。薄いほうがすぐに火が通るが、ショウガ焼き用などある程度厚さのあるものでひとり2枚くらいになるようにしたほうが時短になる。
【おすすめポイント】
①生徒には馴染みがない献立が、簡単に調理できる経験を通して、より達成感を味わうことができる。
②ボリュームがあり、満足感がある。
③アレンジ料理にも応用できる。(卵液に粉チーズやパセリを入れたり、味付けに醤油や味噌を使って和風にしてもよい。)

【献立内容】豚肉と小松菜としいたけのいため蒸し煮
豚肉を油で炒めしょうゆと砂糖で味付けしたのち、野菜と酒を入れて蓋をし、蒸し煮にする。簡単で栄養バランスの偏りが少ない献立である。好みでショウガやにんにくを加えたり、炒め油をごま油にすると、風味良く仕上がる。青梗菜でもおいしい。
【おすすめポイント】
見分けのつきにくい「青菜」の特徴を学ぶきっかけとなる。
(例：小松菜とほうれん草見分け方、栄養素の違い等)

調理の授業あれこれのあんころ

　生徒は調理実習が大好きですが、教師には配慮が求められることが多くあります。ここでは、調理の授業に関連して、授業研究部に寄せられた情報をご紹介します。

●食物アレルギー

生徒の食物アレルギーについては、事前の確認が欠かせない。たいていは個別に対応するが、ある年の女子生徒は特別だった。重度の卵（と牛乳）のアレルギーで、口にできないないだけでなく、生の卵がそばにあってもだめとのことで、小中学校の調理実習の授業はすべて参加できず、図書室で自習していたという。何とかして調理の授業に出席させたいと思い、卵を一切使用せず、他の生徒も満足できる題材を考えた。例年実施していた内容を一新して実施を試みた。

・親子どんぶり　　⇒　鶏肉の照り焼きどんぶり（教科書に載っていたメニューである）
・シフォンケーキ　⇒　バターロール（もともと卵は使わない。本格調理で達成感も大きい）
・シュークリーム　⇒　蒸しパン（卵や牛乳を入れなくても作れる）
・杏仁豆腐とかぼちゃのスープの牛乳　⇒　豆乳で代用（全く問題なく作れる）
　他の生徒から特に質問や苦情はなかった。本人に実習後話を聞いたところ、「初めて調理実習に参加できて、とてもうれしかった」と喜ばれた。

●調理実験

授業時間は限られており、実習の回数を十分に確保することは難しい。実験の要素をとりいれた実習も可能である。

例1）寒天とゼラチン
・ねらい　　寒天とゼラチンの調理性（違い）を知る。
・内容　　　杏仁豆腐A（粉寒天を使用）と杏仁豆腐B（ゼラチンを使用）の2種類を作る。
・考察　　　①寒天とゼラチンの成分を食品成分表で調べる。
　　　　　　②それぞれの杏仁豆腐について、原料、主成分、加熱法、凝固温度、融解温度をまとめる。
　　　　　　③試食後、食感、甘さの違い、好みについてまとめる。
　　　　　　④その他、急いで固めたいとき、便秘気味のとき、お弁当にいれたいとき、介護食とする場合などについて、どちらが適しているか考える。

例2）手作りプリンと市販のチルドプリンの比較
・ねらい　　市販のチルドプリンの特徴を知り、購入する際の注意点を
　　　　　　考える。
・内容　　　手作りプリンを作り、チルドプリンと食べ比べる。①味、
　　　　　　②食感、③香り　など
・考察　　　材料を比較する。チルドプリンに含まれる添加物について
　　　　　　調べる。

●ハラール調味料

イスラム教では、豚肉、アルコール、認められた方法以外で屠畜された食肉類を口にすることが禁じられているため、当該の生徒がいる場合、調理実習の材料には配慮が必要である。アルコール発酵により作られる調味料も同様である。イスラムの教えにおいて合法であることをハラールといい、ハラール調味料（みそ、しょうゆ、みりんなど）は、通販で購入できる。

ハラール認証マークの例

●おやつの調理実習

お菓子作りを楽しみにしている生徒も多い。小冊子「あんころ」には、これまでに多くのおやつの実践例が寄せられているので、紹介する。

（1）じゃがおやき ⇒ 野菜やソーセージ、チーズを使った甘くないおやつ
　①じゃがいもは洗ってラップで包み、電子レンジで加熱する。
　②皮をむいて、熱いうちにつぶす。
　③粗熱がとれたら薄力粉と塩を加えてこね、ソーセージやチーズを包んでフライパンで焼く。

（2）ポップコーン
　深めのフライパンを使い、2種類（塩、キャラメル）を作る。

（3）いろいろ蒸しパン
　・黒糖蒸しパン　・かぼちゃ蒸しパン　・抹茶蒸しパン　・コーン入り　など
　　※蒸しパンの特徴
　　　①蒸しパンは簡単にできて失敗が少ない。
　　　②型がなくても、紙コップやざるとふきんなどで作ることができる。
　　　③蒸し器がない家庭が多く、伝統的な調理法を体験できる。
　　　④班ごとに異なる味付けの蒸しパンを作って食べ比べたり、新しいオリジナルの味付けを工夫することなどもできる。
　　　⑤卵や牛乳を使わなくてもおいしく作ることができる。

（4）桜餅
　和菓子店から桜の葉とこしあんを購入し、和菓子づくりを体験させる。

幼児のおやつをテーマにする場合は、乳幼児期の心身の発達と関連させて指導したい。間食の意義や身に付けさせたい食習慣について理解させ、保護者として子どもに食べさせたいおやつを具体的に考えさせることなども重要である。

ポップコーン　　　　　　　　　いろいろ蒸しパン

お菓子は作って楽しく食べてうれしい！
計量や泡立て、調理理論など多くの学びがあります。

みんなで情報交換③

おすすめ教材のあんころ

　授業に役立つ視聴覚教材（映画など）や無料で活用できる教材、生徒が興味を示す教材など、たくさんの情報が課題検討部と授業研究部に届いています。積極的に情報を共有し、授業づくりに役立てていきましょう。

おすすめ1　映画「うさぎドロップ」

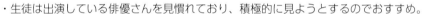

114分　原作：宇仁田ゆみ　監督：SABU　2012年2月2日発売　DVD　¥3,360（税込）

●教材の概要

祖父の訃報で訪れた家で、30歳の独身男が祖父の隠し子に出会い、引き取り育て、共に成長しながら生活していく内容。家庭科の高齢者領域のみならず、家族や保育領域などの内容も関わっており、授業のいろいろな場面で活用できる。

●実際にどのような授業でどのように活用したのか、おすすめするポイントなど

・作品時間が114分と長いため、40分×3回に分けている。

・視聴・授業・振り返り…視聴と繰り返し見せることが効果的。振り返りをすることで、前回の内容を客観的に確認させられる。

・生徒は出演している俳優さんを見慣れており、積極的に見ようとするのでおすすめ。

おすすめ2　ハピネス染色導入セット

ハピネス

●教材の概要

デザインを考えてしおりを作らせる。まず、無地の紙に自分の好きなデザインを描き、切り取る。次に、染めたいもの（セット同封の不織布使用）を好きな形に切り、その上に切り取った図柄、染色マット、白い紙の順で置き、温めたアイロンをあてる。

●実際にどのような授業でどのように活用したのか、おすすめするポイントなど

・普段あまり馴染みのない染色を、アイロン1つで簡単に体験することができる。また、デザインは紙を切って形を作るだけなので簡単にできる。

・アイロンをあてる時間で色の濃淡が出るため、グラデーションを作れる。短時間で出来る上、キットも低価格なのでおすすめ。

おすすめ3　生活設計　マネープランゲーム

全国銀行協会　無料

●教材の概要

20歳代〜60歳までの人生をカードゲームで体験できる。それぞれの年代で仕事、結婚、子育てなどの様々な人生の選択を体験し、ライフイベントにかかる費用等を勉強できる。

●実際にどのような授業でどのように活用したのか、おすすめするポイントなど

・人生の様々な選択を体験することで、家族構成によって変わる非消費支出について、職業による給料の違い、結婚や子育てにかかる費用を学べる。

・50分授業用の30歳代までの人生と、100分用の60歳までの人生の体験をすることができるが、2時間続きがおすすめ。

おすすめ4　DVD「NHK　プロフェッショナル　仕事の流儀　介護福祉士　和田行男の仕事」（2012年）

NHK エンタープライズ　￥3,850（税込）

●教材の概要

介護福祉士の和田さんが高齢者にとって、できる限り"普通の暮らし"を維持できるよう奮闘し続ける内容。視聴後、ワークシートに介護施設の特徴や和田さんが大切にしていることをまとめ、視聴の感想とこれからの介護のあり方について自分の考えを記入する。

●実際にどのような授業でどのように活用したのか、おすすめするポイントなど

・1時間の授業でも視聴可能だが、内容を深めるため2回に分けた。
・DVDの内容と関連づけて他の内容も取り入れるなど、各校の実態に応じてアレンジが可能。キャリア教育や進路指導に絡めて、介護職について関心を持てるように取り上げた。

おすすめ5　平面計画マスターシール

教育図書　￥300（税込）

●教材の概要

家族構成、ライフスタイルを決め、自分の好きな間取りを選ぶ。平面計画マスターシールを用い、自分の理想の部屋を完成させる。周りと見せ合い、互いの間取りの良い所・改善したほうが良い所などを言い合う。

●実際にどのような授業でどのように活用したのか、おすすめするポイントなど

事前に平面表示記号を学習しておくとスムーズに間取りを作ることができる。何度も貼ったり剝がしたりでき、壁用シールは切って長さを変えるなど、自由に部屋をデザインできるため、生徒も喜んで取り組んでいた。

その他、おすすめ視聴覚教材（映画、ドラマ、教材ビデオ等）

分野	タイトル（基本情報）
家族・家庭	そして父になる（2013年：120分）、透明なゆりかご（2018年：44分×10話）、赤ちゃん成長の不思議な道のり（2006年：49分）、ママたちが非常事態！？（2016年：49分×2回）
食生活	いのちの食べかた（2007年：92分）、スーパーサイズ・ミー（2004年：98分）、あまくない砂糖の話（2015年：101分）
衣生活	ザ・トゥルー・コスト〜ファストファッション真の代償〜（2015年：93分）、目で見る繊維の基礎（25分）
住生活	証言記録　東日本大震災　第14回　宮城県南三陸町〜高台の学校を襲った津波〜（2013年：43分）、見つけよう！マイルーム　お部屋探しの基礎知識（2015年：24分）
消費・環境	不都合な真実（2006年：115分）、エシカルコンシューマーを目指して　〜持続可能な消費生活〜（2017年：18分）、ワーキングプア〜働いても働いても豊かになれない〜（2006年：74分）、シリーズ教材　お金のキホン（16分27秒）

外部講師を招いた授業の実践例

地域と連携して、地域包括支援センターの方に「認知症サポーター養成講座」、千葉伝統郷土料理研究会の方に「太巻き寿司」についての授業をお願いした。その他、企業と連携してにんべんに「だしの取り方や飲み比べ」、ハウス食品に「スパイスセミナー」、ワコールに「下着の話」について実施してもらった。

家庭科室での授業と管理　Ｑ＆Ａ

　家庭科室の利用は、家庭科の授業だけではありません。各学校でどのような工夫をして管理しているか、2021年秋、千葉県内家庭科教員対象のアンケートをもとにまとめてみました。

Q1　調理室の貸し出し、どうしていますか？

⇒「貸し出しをしていない」が最多でしたが、貸し出しを許可している学校では様々な工夫をされていました。

≪文化祭≫　※コロナ前はこうしていました。
- 家庭科教員、食品使用団体教員、生徒指導部、生徒会顧問などが必ずつく。
- 使用団体数を制限（1〜4団体が多い）　　・使用しない机やいすの保管場所
- 貸し出しを条件に、生徒会（文化委員会）予算で鍋やミシンを購入

≪文化祭以外≫
- 調理系部活動に貸し出し、顧問にお任せ
- 進路講演会や学年での探究活動等で貸し出し
- 使用団体の顧問立会いの下、説明

≪調理室の用具≫
- 用具は一切貸し出さない
- 一部貸し出し可（刃物や寸胴のみ。消耗品は不可）
- 消耗品以外は全て貸し出し

★借用書・申請用紙、使用規定を活用する学校も

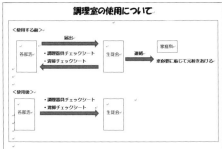

Q2　被服室の貸し出し、どうしていますか？

- 教科外の利用なし
- 場所のみ貸し出し（部活含む）
　※フラットで広い机は実用的で人気!!
- 借用書に顧問の印→返却時に返却表
- 用具の持ち出しなし

⇒やはり、安全面を考慮すると、教員の立ち合いや、事前事後の報告は必須ですね…。

Q3　家庭科室の衛生・安全管理、どうしていますか？

⇒アイディアがたくさん集まりました。

●カビ対策　夏は一日中クーラーをつけっぱなし・棚や冷蔵庫は定期的に漂白剤やアルコールでふき取り・菜箸は夏休み中冷蔵庫保管・100均グッズで風通しの良いまな板の保管棚を作成・シンク下に防カビグッズを貼る（右写真）

定期的に貼り替え

●針の管理　授業前後で確認させますが…磁石で針を拾うグッズを活用して点検！「らくらく針ひろい（伸縮タイプ）」※60cm伸縮

●調理実習時の掃除　各班の調理台に加えて全体で使った場所（調味料・器具置き場、示範台、手洗い場など）を掃除する。ボウル等も一つずつ拭きなおして清潔に。

その他　年1回、ホームセンターに包丁研ぎを依頼している学校も。実習は、安全第一です。

Q4　限られた時間の中で、実習をスムーズに進めるための工夫を教えてください！！

≪調理実習≫
- ・献立の工夫　　　１人１品 (欠席者対策)　材料は多くしない　レシピは写真入り
- ・事前準備　　　　教員・生徒ともに、前日に準備することで内容と動線を把握
　　　　　　　　　　授業前または前日に洗米し、当日スイッチ ON
- ・班分け　　　　　好きな人同士や男女混合が good ♪
　　　　　　　　　　小グループを作りくじ引きでペアリング

コロナ対策もあり、班ごとに調味料を設置。生徒の移動を抑えます。使用後は瓶をアルコール消毒。ふきんの色を分け清潔に管理。台拭きは漂白剤を薄めた液で絞って、台の消毒を兼ねます。

≪被服実習≫
- ・事前準備　　　　ミシンの整備とボビンの準備
- ・効率アップ　　　布の裁断はクラスを２分割　　　ＴＴで別部屋同時展開
　　　　　　　　　　机上は常に整理整頓「見える化」　　　グループ学習で助け合う仕組みづくり
- ・提出等　　　　　遅れは次の授業までに必ず追いつく (休み時間、放課後の補習と場所の提供)。

≪実習共通≫
- ・目標設定　　　　１時間ごとに設定し、時間内に完結 (残り時間を伝える)。
　　　　　　　　　　評価規準をもとに各自目標を決めさせる。　授業計画表を提示する。
- ・実施　　　　　　プリントには図をのせる。
　　　　　　　　　　示範はパワーポイントを活用。時間がかかっても丁寧に説明する。

Q5　実習の材料をどのように準備していますか？

⇒調理実習・被服実習ともに
「１位：業者に発注　２位：教師が購入　３位：生徒が持参」となりました。

　基本的には業者に発注するけれど、ネットでなければ手に入らない特殊な材料や実習費を抑える工夫や努力により、状況によって教師が購入することもある、という学校が多かったです。また製作意欲を高め作品に愛情を持たせるため、店舗での買い物経験を重視して生徒に持参させている学校もありました。

★学校の立地によって、状況によって、購入依頼先も購入方法も様々です。
- ・近くのスーパーで直接担当者と相談、または電話で依頼すると、後日見積もりが届きます。
　季節に合わせて価格や産地を比較し、条件に合ったものを選び準備してくれます！
- ・基本、ネットスーパーを利用しています。生鮮食品、魚などはスーパーに直接予約しています！
- ・悪天候 (台風など) で商品が欲しいものが揃わない!!とか、純生クリームが欲しかったのにホイップクリームが届いたときには…慌ててスーパーに走ったことも…汗

★宗教上の対応
- ・ハラル 専用の肉やしょうゆなど、ネットで探して購入しました。
　ただ、適量がなく…小さいサイズのものが買えるようになるといいですね。

各校数名しかいない家庭科教員ですから、気軽に情報交換ができる環境をつくりたいですね♪

「あんころ的視点」事例一覧

分野		ページ	実践事例名	体	言	課	キ	横	伝	安	科	福	人	国	地	I
家族	生・消	18	成年年齢引き下げと消費者問題	●		●	●	●					●			
	共	19	自分らしく生きる社会をめざして	●			●	●					●		●	
	共	20-21	友だちと夫婦になって家事分担しよう！	●	●		●	●					●			
保育	共	22-23	「母子健康手帳」から子育てについて知ろう！					●				●	●			
	共	24	命に対する責任	●	●			●					●			
	共	25	乳幼児の心身の発達を理解する	●	●		●	●					●			
	衣・共	26	指人形の製作と発表	●	●		●	●					●			
	共	27	封筒パペットで人形劇をしてみよう！	●	●			●					●			
	共	28-29	絵本の読み聞かせを通して保育のあり方を考える	●	●		●	●					●			
	共	30-31	保育実習のお土産をつくろう	●	●		●	●	●				●		●	
	食・共	32	保健室とコラボした調理実習	●		●		●					●			
高齢者	共	33	要介護認定調査をロールプレイングで学ぼう	●	●			●					●	●		
	共	34-35	簡易グッズを使った高齢者擬似体験	●				●					●			
	共	36	認知症に気付き、地域で支えよう					●					●			
	共・生・消	37	どこまで知っている？				●	●					●			
	共	38	高齢者やその家族の支援システム		●			●								●
	共・生・消	39-41	ライフプランを立てよう		●		●	●					●		●	
衣生活		44-45	衣服（布）の構造を知る	●							●					
		46	ゆび編みとニードルフェルトボールで作るクリスマスリース	●							●					
	消	47	ティッシュケースカバーの製作	●				●								
		48	衣生活に必要な基礎的な実技を身につける	●												●
	共	49	ひとえ長着製作で国際交流	●	●			●	●					●		
		50	和服について学ぼう	●			●	●								
食生活		51	見えない油に気をつけよう								●					
		52	実験で学ぶ栄養素	●	●						●					
		53	高校生の無機質・ビタミンの摂取状況について考えよう		●											●
		54	効果的な調理実習の記録	●		●										
		55	テーブルパンとソーセージパンを作ろう	●							●					
	共	56-57	各ライフステージに応じたお弁当調理	●		●		●								
		58-59	行事食の調理実習	●					●							
		60	みんなで仕上げる中華弁当	●		●										
	共	61	みりんを楽しもう！	●				●			●				●	
		62	乳製品を知る	●					●		●					
		63	食に関するスピーチをしよう！	●	●	●	●	●								
		64-65	コロナ禍における調理実習の実践	●												●
	共	66	米粉と小麦粉のホットケーキの比較	●				●			●			●		
住生活	共	67	快適な住居を選択しよう	●	●			●		●						●
	共	68	流山のまちに出かけよう！	●	●			●							●	
	共	69	校舎内のバリアフリー度を調べよう	●	●			●		●		●				
		70	平面図記号でBINGO大会！	●												
	食	71	災害に向き合い災害から身を守る方法を考える	●		●		●								
	衣	72-73	いつもも、もしもも考えて	●		●										
	食・共	76	災害時の食事について考えよう					●		●					●	
環境	衣	77	衣服を長持ちさせるには	●							●					
	共・衣	78-79	ファストファッションについて考える					●					●	●		
	衣	80-81	衣生活の文化と知恵	●				●	●							
	食	82-83	フードロスについて考える	●	●			●							●	
	住	84	電力自由化と持続可能なエネルギーを考える			●		●								
消費・経済	生	85	"お金"とどうつきあう？			●	●	●								
	生	86-87	将来の経済生活を考える	●				●								●
		88-89	身近に潜む悪質商法	●	●											

第3章

千葉県高等学校家庭科
ホームプロジェクトコンクール

千葉県独自のホームプロジェクトコンクールは、2010年から始まりました。ホームプロジェクトを実践するためには、教師はきめ細かい指導が求められます。より多くの学校で取り組みやすくと願って、私たちは検討を続けてきました。前書「あんころ」でご紹介した以後の取り組みをご紹介します。

※写真は千葉県ホームプロジェクトコンクールの審査の様子

1　千葉県ホームプロジェクトコンクールについて

　千葉県では2009年に当時の指導主事より家庭科教育推進委員会でホームプロジェクトに取り組むことが提案されました。高校家庭科のホームプロジェクトは、他教科には見られない課題解決型の特徴的な学習方法であり、学習指導要領上も実施は必須とされていたのですが、当時の千葉県では積極的に取り組んでいる学校は多いとは言えない状況でした。ホームプロジェクトを実施するためには、授業時間数が少ない中、指導する教師がその内容を十分に理解し、適切な指導を行うことが欠かせません。指導主事の提案を受け、家庭部会内で話し合いを重ね、家庭科教師がこの学習方法を見直しよりよい実践のきっかけになると同時に、校内の管理職や他教科の教師、保護者、さらには地域社会に家庭科の学習内容のすばらしさを知ってもらうきっかけになることを目指して、2010年、県独自のホームプロジェクトコンクールが開催されることになりました。

　コンクールの実施にあたっては、家庭科教育推進委員会が事務局を担当し、2014年からは、授業研究部が開催事務局として運営に当たっています。コンクールの内容と結果の報告を「あんころ」に載せるようになり、ホームプロジェクトの取り組みも徐々に浸透してきています。2012年までの取り組みは前「あんころ　〜家庭科の授業案がころころ出てくる本〜」で紹介しているので、2013年以降の取り組みとその指導法について紹介します。

2　ホームプロジェクトコンクールの運営方法

　ホームプロジェクト学習は、日頃の生活の中から課題を見つけ、解決方法を考え、計画を立てて実践することで、生徒に生活を科学的に探求する方法や問題解決の能力を身につけさせることができます。多くの学校で、生徒がより意欲的にホームプロジェクトに取組むこと及び家庭科教育の一層の充実を目的としてコンクールを開催しています。

1　運営について

（1）主催

　　千葉県高等学校教育研究会家庭部会

（2）事務局

　　家庭科教育推進委員会（授業研究部：8名
　　課題検討部：2名　情報発信部：2名）

（3）審査員

　　・家庭部会長

　　・家庭部会顧問

　　・教育庁教育振興部学習指導課指導主事

　　・事務局（12名）

　　・各地区審査員（12名）

　　・審査希望教員

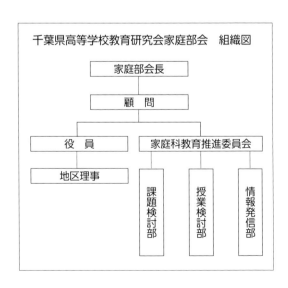

2 作品応募方法

（1）応募資格　　千葉県内在校の高校生（参加費無料）

（2）テーマ

・食生活分野

・その他の分野（家族・家庭、保育、福祉、消費生活、環境、衣生活、住生活等生活に関すること）

（3）応募方法

A部門：エントリーシートに必要事項を記入する。（A４用紙1枚裏表まで）《p.104参照》

B部門：エントリーシートに必要事項を記入する。（「 3 DO・実践」については、様式を問わ
ない。ただし、A４用紙（片面）を使用し、エントリーシートを含めて10枚以内とする。）

《p.105参照》

（4）応募規定

・11月中旬から下旬　※実施後１年以内の作品は応募可能。

・本選応募は各学校５作品までとする。

3 審査について

（1）予備選考　　各学校で実施したもので、優秀な生徒作品を各学校の家庭科教諭等が選考する。

（2）本選考　　各学校の予備選考を通過した作品を、審査員が審査する。

＜選考日＞　２学期終業式の翌日

＜審査方法＞

一次審査

・審査員のうち事務局（12名）、各地区審査員（12名）、審査希望教員が、下記の審査基準に基づき総合的に判断し、審査を行う。

・各審査員は３〜５作品を選び、作品の講評を添えて審査票に入力する。

・一人以上から選ばれた作品は、二次審査に進む。

二次審査

・審査員のうち家庭部会長、家庭部会顧問、教育庁教育振興部学習指導課指導主事が、下記の審査基準に基づき総合的に判断し、審査を行う。

・二次審査に進んだ作品の中から入賞作品を選ぶ。

審査基準

①テーマのとらえ方が適切で、内容に創意工夫が見られる。

②綿密な計画と、研究態度によって実施されている。

③科学的・社会的な面から合理的に生活をとらえている。

④目標が達成され、今後の課題が明確になったか。生活の改善・向上に役立っている。

⑤原稿のまとめ方、資料の活用が適切で趣旨が徹底しているか。

4 表 彰

最優秀賞（１名）、優秀賞、佳作、入選

※優秀賞以上には副賞贈呈（図書カード）

※表彰は各学校の全校集会等で行う。

本選考に進んだ生徒は
入選以上が決定です！
もれなく賞状がもらえます♪

エントリーシート　＜A部門＞

ホームプロジェクトエントリーシートA部門

学校名		科	ふりがな	
高等学校	年　　組　　番	氏名		

分野（該当の分野を○で囲む）

食生活　・　その他（　家族、家庭　・　保育　・　福祉　・　消費生活　・　環境　・　衣生活　・　住生活）

テーマ

1　**See**・テーマ設定の理由（なぜ、このテーマに取り組むことにしたのか）

2　**Plan**・実施計画（いつ、どこで、どのように、何をするのか、必要なものは何か　など）

3　**Do**・実践（実施計画を受けて何をしたのか、どのような結果が得られたか）

写真、図、イラストを入れたり…
色鉛筆等を使用したり…
工夫された作品が多く見られます。

応募用紙をアレンジし、保護者のコメント等を
書いてもらってもOK!!

4　**See**・反省・評価（テーマの内容について改善・向上できたか、今後の課題は何か　など）

第3章　千葉県高等学校家庭科　ホームプロジェクトコンクール

エントリーシート　<B部門>

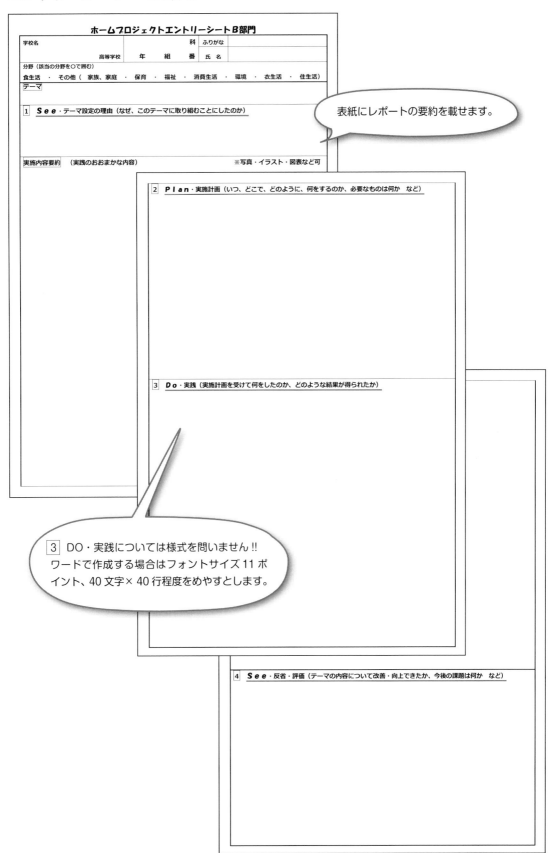

ホームプロジェクトエントリーシート B部門

学校名					科	ふりがな	
	高等学校	年	組	番	氏 名		

分野（該当の分野を○で囲む）

食生活 ・ その他（ 家族、家庭 ・ 保育 ・ 福祉 ・ 消費生活 ・ 環境 ・ 衣生活 ・ 住生活）

テーマ

1　**See**・テーマ設定の理由（なぜ、このテーマに取り組むことにしたのか）

表紙にレポートの要約を載せます。

実施内容要約　（実践のおおまかな内容）　　　　　　　　※写真・イラスト・図表など可

2　**Plan**・実施計画（いつ、どこで、どのように、何をするのか、必要なものは何か　など）

3　**Do**・実践（実施計画を受けて何をしたのか、どのような結果が得られたか）

3　DO・実践については様式を問いません!!
ワードで作成する場合はフォントサイズ11ポイント、40文字×40行程度をめやすとします。

4　**See**・反省・評価（テーマの内容について改善・向上できたか、今後の課題は何か　など）

3 生徒の受賞作品

●最優秀賞＜Ｂ部門＞　食生活

千葉県立千葉女子高等学校　　齋藤 美咲姫

非常時の調理の実践と研究

＜作品の概要＞

災害が発生し、電気・ガス・水道が復旧するまでの３日間（９食）を自炊した。家にある食材だけで作れる献立を考え、調理した。実践をもとに検証し、さらに必要なものを買い足した。

＜授賞理由＞

実践内容が秀逸。災害グッズをそろえるだけでなく、実際に３日間使用した感想なども盛り込まれており、学んだ知識を生かしている。

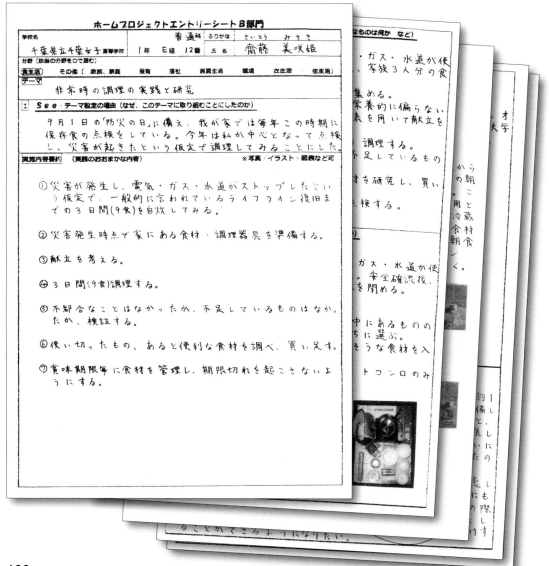

●優秀賞＜Ｂ部門＞　衣生活

千葉県立佐原高等学校　　髙木 太輔

プログラム的思考で洗濯ルーティンの改善を図る

＜作品の概要＞

母が洗濯を干す様子を観察し、プログラミング的思考で動線の検討・改善策を提案し、洗濯ルーティンの改善を図る。

＜授賞理由＞

家族の中で起こっている高齢化の問題を、高校生の視点から解決に向けて取り組んでいる。

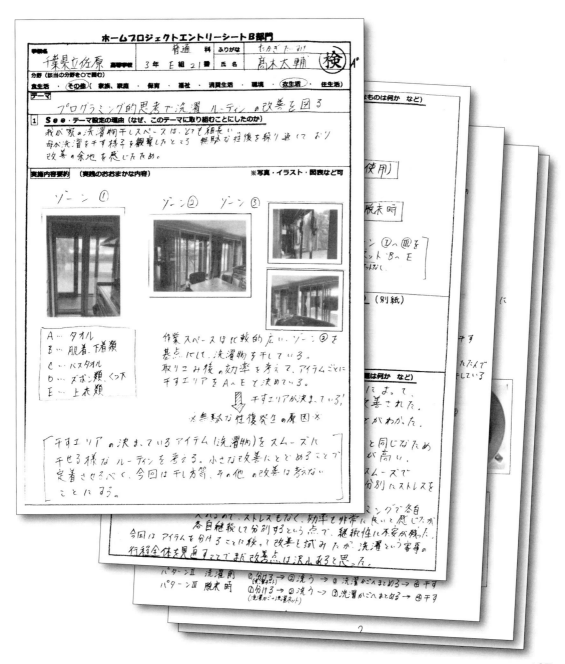

●優秀賞＜A部門＞　家族・家庭

千葉県立船橋東高等学校　　上田 美咲

家族の生活習慣改善

＜作品の概要＞

新型コロナの影響で変化した生活を見直し、改善した。

＜授賞理由＞

身近なところをテーマとした着眼点が良い。問題解決に向けた実践方法が明確である。

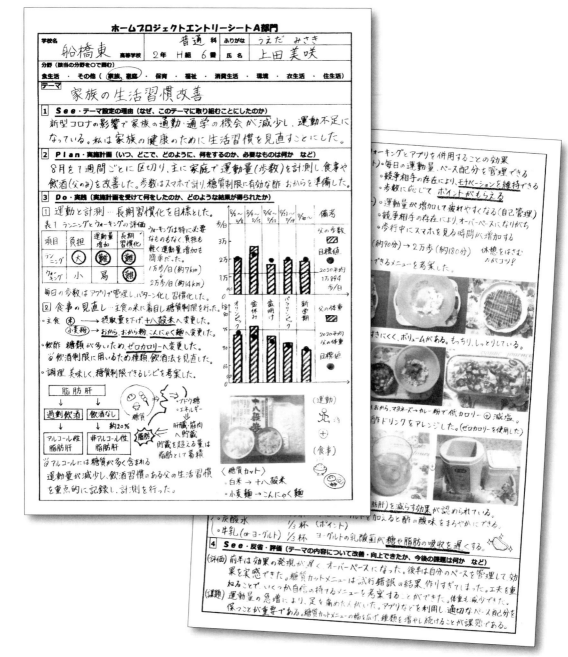

第3章

千葉県高等学校家庭科 ホームプロジェクトコンクール

108

●優秀賞＜A部門＞ 食生活

千葉県立柏の葉高等学校　神原 姫依

安全で楽しい食事 ～認知症のひいおばあちゃんに食事の楽しみを～

＜作品の概要＞

認知症で嚥下機能が低下しているひいおばあちゃんのために、調理方法や食事形態を工夫して取り組んでいる。

＜授賞理由＞

食生活を多方面からとらえている。グラフ等を活用し、コンパクトにまとめられており、分かりやすい。

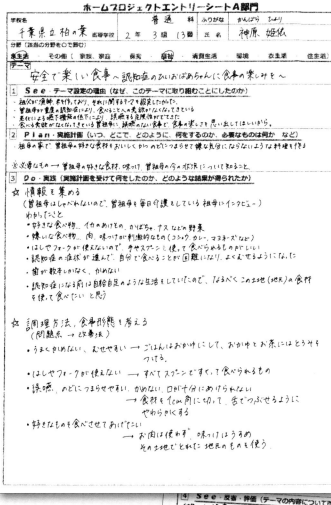

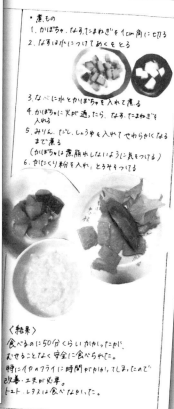

4 ホームプロジェクトの指導法

ホームプロジェクトを取り組むにあたり、「テーマを探せない」「与えられている生活に疑問を持たず問題点を見つけられない」「生活に対して主体的に動かない」などの理由から、生徒がスタートをきれないことがあります。また、レポートが「調べ学習」になりがちなこともあります。ホームプロジェクトの指導法の実践例を紹介します。

実践例 1

Q1 生活上の課題の見つけさせ方について

どのようにすれば生活上の課題を発見させることができますか。
よい方法があったら教えてください。

以下3つの方法があります。
①家庭科の授業で学んだことをもとに、生活を振り返らせる方法
②他教科で学んだことをもとに、生活を振り返らせる方法
③チェック表をもとに、生活を振り返らせる方法
次のページからワークシートの例を載せてありますので、生徒の実態に合わせて方法を選んでみてください。

家庭総合を実施している学校は、1学年で①か②、2学年で③のように、段階を追って取り組ませてもよいかもしれません。

Q2 レポートの回収の仕方について

全員からレポートを回収しなければならないと、気が重くなります。
どのようにすればレポートの提出状況が良くなるのか、よい方法があったら教えてください。

以下2つの方法があります。
①授業内でホームプロジェクトの説明をし、"テーマ・テーマ設定の理由・実施計画"まで記入させる。
その後生徒たちが忘れないよう、1週間後の授業で回収する。
②生徒たちがじっくり課題に取り組めるよう、長期休暇の課題とする。長期休暇明けに回収する。
生徒の実態に合わせて方法を選んでください。

また評価規準を明確に示してみてはどうでしょうか。生徒たちの意欲が高まるかもしれません。

ワークシートの例① 　家庭科の学習をもとに生活を振り返らせる

＜フェアトレードについて学習した場合＞

☆フェアトレードを広めよう！
　日頃の生活の中から課題を見つけ、解決方法を考え、計画を立てて実践した取り組みを、レポートにして提出しましょう。

1　以下の質問に答え、課題を見つけましょう。
（1）あなたの家族はフェアトレードについて知っている。（　YES　・　NO　・　わからない　）
（2）あなたの友人はフェアトレードについて知っている。（　YES　・　NO　・　わからない　）

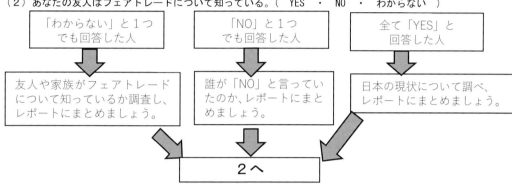

「わからない」と1つでも回答した人	「NO」と1つでも回答した人	全て「YES」と回答した人
友人や家族がフェアトレードについて知っているか調査し、レポートにまとめましょう。	誰が「NO」と言っていたのか、レポートにまとめましょう。	日本の現状について調べ、レポートにまとめましょう。

2 へ

2　どのような方法でフェアトレードを広められるか、解決方法を考えよう。

<先輩たちの例>
・フェアトレードの商品を使った料理を作り、家族に食べてもらう。その際、フェアトレードについて説明し、感想を聞く。
・フェアトレードについて説明したポスターを作り、近所のお店に掲示してもらう。
・フェアトレードについて説明した用紙を、回覧板として近所の方に回す。後日感想を聞く。
・フェアトレードについての絵本を作り、幼い兄弟に説明する。

3　実践した取り組みをレポートにまとめよう。

評価のポイント

□課題設定が適切である。	□研究の内容が充実している。
・目標がはっきりしている。 ・社会的状況を視野に入れている。	・創意工夫がされていて、意欲的な取り組みである。 ・家庭生活の充実向上につながっている。 ・今後の課題が明確となっている。
□研究の計画や進め方が適切である。	□レポートのまとめ方が良い。
・方法の検討をしている。 　（手段、経費、時間　など） ・科学的、社会的視野を取り入れている。	・原稿のまとめ方がわかりやすい。 ・資料の活用が適切で趣旨が徹底している。 ・資料の出典を明記している。

ワークシートの例②　　他教科の学習をもとに生活を振り返らせる

＜国語総合の授業で SDGs について学習した場合＞

☆SDGs に取り組もう！

　日頃の生活の中から課題を見つけ、解決方法を考え、計画を立てて実践した取り組みを、レポートにして提出しましょう。

1　以下の質問に答え、課題を見つけましょう。
　1 年生の国語総合の時間に、SDGs について調べたと思います。
　あなたはその後の生活の中で、SDGs に取り組みましたか？　　　（　YES　・　NO　）

2　どのような方法で SDGs に取り組んでいくか、解決方法を考えよう。
　　　　　　　　　　　　　　　　　　　　　　　　（条件：食生活分野の内容であること）

例　下記の取り組みは例です。自分自身で取り組みの内容を考えても構いません。

【漁獲量について】（12・14）
・日本の漁獲量は 1984 年をピークに減少している。
　⇒なぜかを調べる
・海と魚を守るために私たちにできる事を考え、実行する。

【無洗米】（6・12・13・14）
・調理実習で使用している無洗米は環境に優しい
　⇒なぜかを調べる
・家庭生活にも取り入れ、家族で共有する。

【地域の食材】（2・7・8・9・12・14）
・地域の食材を使った料理を作る。
・どのようないいことがあるか、調べる。
・試食し、家族で共有する。

【残り物野菜】（2・12）
・冷蔵庫に残った野菜で煮物を作る。
・どのようないいことがあるか、調べる。
・試食し、家族で共有する。

＜材料＞

・残り物野菜（根菜が良い）		合計約５００ｇ
・油		適量
A	・出汁	１５０ｍｌ
	・醤油	大１
	・みりん	大１

＜作り方の例＞
①野菜を一口大の大きさに切る
②鍋に油を入れて熱し、①を炒める
③全体に油が馴染んだらAを入れ、落し蓋をして中火で火が通るまで煮る（約１０分）

【大豆ミート】（2・6・8・12・17）
・大豆ミートとはなにか、どのような効果があるのかを調べる。
・大豆ミートを使った料理を作る。　　　（例：調理実習で作った青椒肉絲の肉を大豆ミートに変更する。）
・試食し、家族で共有する。

3　実践した取り組みをレポートにまとめよう。

ワークシートの例③　　チェックシートをもとに生活を振り返らせる

☆自分の生活を振り返ろう！

　日頃の生活の中から課題を見つけ、解決方法を考え、計画を立てて実践した取り組みを、レポートにして提出しましょう。

1　当てはまる項目に〇をつけましょう。

		項　　　　目	〇
家族家庭	1	生活時間を有効に使えるよう、家族で協力している。	
	2	家族の中での自分の役割を理解し、できる事をしている。	
	3	自分や家族のライフプランを考えている。	
	4	日本や地域の文化を生活に取り入れている。	
保育	5	子供の心身の発達や生活の特徴を理解し、子供に接している。	
	6	地域の子育て支援等、子供をとりまく環境について考えたことがある。	
	7	児童文化財や子供に関する年中行事を知っている。	
高齢者	8	高齢者の心身の特徴を理解し、自立生活の支援をしている。	
	9	就労問題等、高齢者を取り巻く社会環境について考えたことがある。	
	10	ノーマライゼーションの視点で生活をしている。	
衣生活	11	被服の機能を理解し、快適な生活を送っている。	
	12	環境などに配慮して、衣服を計画的に購入している。	
	13	目的にあった服装を整えることができる。	
	14	洗濯や管理、補修などの基礎的な技術を身に付けている。	
食生活	15	栄養的にバランスのとれた食事を計画できる。	
	16	家族や地域に伝わる食文化を、生活に取り入れている。	
	17	調理法の要点を踏まえ、より美味しい料理を作ることができる。	
	18	環境などに配慮して、食品を計画的に購入している。	
住生活	19	家は家族にとって住み心地のいい場所になっている。	
	20	住まいの安全対策を行っている。（防犯、防災、家庭内の事故防止など）	
	21	住まいの管理を行っている。（カビ・ダニ・結露対策、適切な収納など）	
	22	まちづくりに関する地域の取り組みに参加したことがある。	
消費生活	23	消費者問題について理解し、被害の未然防止につながるよう、行動している。	
	24	生活情報を物やサービスを購入する際に活かし、主体的に意思決定している。	
	25	買い物をする際に、環境や社会への影響などを意識している。	
	26	将来を踏まえ、計画的にお金の管理をしている。	

2　〇がつかなかった項目について、どのようにすれば改善することができるのか、考えましょう。

3　実践した取り組みをレポートにまとめましょう。

実践例 2

事前指導の工夫

1. 年度初めの年間計画説明時にホームプロジェクトの実施と、実施の流れを周知する。

2. 1学期中にホームプロジェクトの意義や実施方法について説明し、課題を検討させる。

   (1) 教科書またはフローチャートの別資料を用意し、説明する。

   (2) プリント①「ホームプロジェクトに取り組もう」にあわせ説明する。

   (3) 分野ごとの「ホームプロジェクトテーマのフローチャート」を使い、仮テーマを見つけさせる。

   (4) 仮テーマが実生活に必要か考えさせてから、それらをヒントに自己のテーマを決めさせる。

3. 2学期初めにホームプロジェクトの取り組みが進まない生徒への啓発も兼ねて、取り組みやすいテーマを教員から提示し、グループワークを行い課題を検討させる。

【事例】プリント②「暖かく・涼しく過ごすための生活の工夫を「衣」「食」「住」の面から考える」

   (1) プリント②を各自で書き出す（5分）⇒クラスを6班に分け、各班に割当てた1項目に15個以上の単語等を記録用紙に書き出す（10分）⇒各班の記録係が黒板に書き、代表者が説明をする。

   (2) 班員や他の班の人の意見を聞く。自分の生活を振り返らせて、主体的行動を意識させる。

   (3) プリント②と班員名入り記録用紙は提出する。

＊「ホームプロジェクト」に取り組もう
〜 地域・家庭生活について、関心をもち、改善や現状維持をする方法を考えよう 〜

●家庭生活・地域環境について、自分が関心のあることはどんなことだろう
　関心のありそうなプリントを選んで、チャート式でテーマを見つけよう

①選んだ分野に ○をつける。

| ・家族・家庭 | ・保育・子ども | ・高齢者・高齢社会 | ・食生活 | ・衣生活 |
| ・住生活 | ・経済生活 | | | |

②チャート式をやってみて、たどり着いたところのテーマを書き写す。

　＿＿＿＿＿＿＿　・テーマの方向性＿＿＿＿＿＿＿＿＿＿＿＿＿＿＿＿
　　　　　　　　　・テーマ例　＿＿＿＿＿＿＿＿＿＿＿＿＿＿＿

③②を参考にして、自分がやってみたいテーマを考える。

＿＿＿＿＿＿＿＿＿＿＿＿＿＿＿＿＿＿＿＿＿＿＿＿＿＿＿＿＿＿＿＿
＿＿＿＿＿＿＿＿＿＿＿＿＿＿＿＿＿＿＿＿＿（ここまでは必ず書く）

④どのようなやり方をするのか。

⑤改善の目標点はどこか。（どのような状態・程度・できあがりを目指しているのか）

⑥どのような障害（かかる時間、廃棄物等の処理、失敗例など）が考えられるか。

プリント①

例

ホームプロジェクト②　「暖かく・涼しく過ごすための生活の工夫」

　　　　　年　　組　　番　氏名＿＿＿＿＿＿＿＿＿＿

| 暖かく過ごすための生活の工夫 | 涼しく過ごすための生活の工夫 |
| 「衣」 | 「衣」 |

ヒートテック　　　　　　　　　　　裸×
手袋　　　　　　　　　　　　　　　被服の機能を思い出して！
起毛素材
ネックウォーマー etc.

「食」　　　　　　　　　　　　　　「食」

ショウガ　　　　　　　　　　　　　ガラスの器 etc.
とうがらし　　　etc.

「住」　　　　　　　　　　　　　　「住」

二重ガラス　　　　　　　　　　　　風通し
湯たんぽ　　　　　　　　　　　　　グリーンカーテン
扇風機（空気の拡散用）etc.　　　　庭の土や植樹の存在　　etc.
　　　　　　　　　　　　　　　　　集合住宅の最上階を避ける

※意見の少ないとき、出ないときに追加助言例を入れた。

プリント②

【指導のポイント】

- ・テーマは、新企画に限らず現状を維持（QOLを下げないこと）を目標にしてもよい。
- ・段取りを考えることで、主体的な行動ができるようになるので、綿密な計画までのレポートも可能とした。
- ・導入で、効率的な受験勉強に例えて紹介すると、ホームプロジェクトの考え方が身近に感じられて、自分に合う方策を色々と考えるようである。向上心を育てる。
  - 【例】「やみくもに覚えるだけでは学力が伸ばしきれない、何かが足りない。（See気づき）→自分に合う学習方法を考え、計画的に知識と応用力を構築する。(Plan)→実施をしながら（Do）→見直し（See評価・考察）をしていく」
  - 【例】「学習と同時に勉強をするための環境づくりや自身の健康対策なども改善・工夫しておくことが、間接的に実績へ影響していく」
- ・グループワークの時期は、気づかなかった情報だけでなく、他の人の行動や家庭の様子、生活習慣などを知る機会とし、学習を深める。

事後指導の工夫

1. レポート提出時のための事後プリント（**プリント③**）でセルフチェックをさせる。調べ学習だけで終わっていないか、計画のレポートか実践のレポートかなどの把握ができる。
2. 個人の事後指導に時間がとれない場合は、プリント③「**2・セルフチェックをしてみよう**」をレポート用紙の「考察」欄に記載しておくとよい。
3. 自分や家族が生活の中で小さな工夫を繰り返していたことを再認識することで、主体的に生活に対して取り組む自信へつなぐ。

【提出期限】　2段階に設ける。

(1) 第一回提出期限：10月初旬……千葉県のホームプロジェクトコンクールに応募可能。（コンクールに応募し、受賞したら進路の調査書にも記載するように手配した。）

(2) 最終提出期限：2学期授業最終日

……全員提出

【評価】2学期には提出状況の得点、3学期にレポート内容の評価として成績の配分にした。

- ・採点（成績）のための時間が確保できる。
- ・ホームプロジェクトは成績のためだけの課題ではなく、生活を意識することのできる機会になる課題であると考えれば、3学期のレポート受け取りも可能にして未提出者がいないように進める事もできる。

＊ホームプロジェクトのセルフチェック

　　　　　年　　組　　番　氏名

1・ホームプロジェクト　レポートの内容

分野　：　食生活、家族・家庭、保育、福祉、消費生活、環境、衣生活、住生活　その他

テーマ：

2・セルフチェックしてみよう

- □　テーマは自分の生活の中で発見したものか
- □　実施可能な計画だったか
- □　実際に実施したか　　　　どちらかにチェック
- □　（現時点で）計画のみ
- □　綿密な計画をたてられたか
- □　計画にそって実施できたか
- □　わかりやすくレポートにまとめられたか
- □　家族や関係者の意見を計画や考察に取り入れたか
- □　結果を多くの人に広められそうか
- □　生活が改善できそうか
- □　持続可能な内容か

3・このホームプロジェクト課題の実施にあたり、発生してくる課題は何か。

4・他に、身の回りでホームプロジェクトにとりあげられそうな課題・題材をあげる。

プリント③

5　近年のコンクールの概要と今後の展望

1　応募状況

　「家庭科を元気にしたい」、「より多くの生徒に家庭科を学ぶことで生きる力をつけてもらいたい」という思いで始まった千葉県独自のホームプロジェクトコンクールですが、家庭科教育推進委員会の活動としてすっかり定着しました。

　コロナ禍の影響も見られますが、県内全域から応募は続いており、参加校、エントリー作品数共に、年々増加しています（表1）。主な応募作品をp.106～109に示しました。A部門はワンペーパー、B部門は自由作品です。ワンペーパーは気軽に応募してもらうことを目的としましたが、内容を要領よく1枚にまとめるためには様々な工夫が必要で、わかりやすく美しくまとめられた作品にはいつも感心させられます。

　テーマは、家族のための調理や簡単にできるリメイクなどが多く見られますが、コロナ禍の影響で家庭で過ごす時間が増えたため、「おうち時間」「マスクづくり」などの作品も登場しました。家庭にいるからこそできる取り組みは、生徒に家庭科の学びの奥深さを再認識させてくれたのではないでしょうか（表2）。

	H25	H26	H27	H28	H29	H30	R元	R2	R3
参加校	21	16	26	33	31	39	41	38	43
エントリー数	4,250	4,602	7,088	10,106	8,949	13,618	12,338	10,380	12,548
入選数	89	77	116	149	137	170	188	160	201

表1　応募状況

	A部門　食生活	B部門　食生活	A部門　その他 （家族・家庭、保育、福祉、消費生活、環境、衣生活、住生活等生活に関する）	B部門　その他
平成25年度	夏バテ対策 お弁当作り 地産地消	家族のための食事改善 お弁当作り ごみの減量	フェアトレード 洗濯、掃除、収納 ハザードマップ、防災	高齢者の適した住環境 リメイク、リフォーム グリーンコンシューマー
平成26年度	野菜嫌い克服 健康対策 家族のための食事改善	フードマイレージ 余ったおかずのリメイク 地産地消	子どものおもちゃ作り フェアトレード	環境家計簿 衣生活、洗濯
平成27年度	食生活の見直し 料理研究 みりん・野菜 苦手克服	食品添加物 家族のための食事改善 既製品ＶＳ手作り	家事労働 非常持ち出し袋 フェアトレード	子どものおもちゃ作り 住居の片付け エコバック
平成28年度	家族の体質改善 夏バテ対策 ダイエット	食材の活用法 エコクッキング 食物アレルギー対策	衣服の洗濯・収納 室内環境改善 外食・内食	祖父母との生活 高齢者の衣生活 家族と共に防災対策
平成29年度	家族の栄養バランス 冷え性対策 一人暮らしの料理	防災食 食文化、我が家の味 栄養改善	リメイク 節水・節電 高齢者の住生活	防災、ハザードマップ 認知症、老人ホーム エシカルコンシューマー
平成30年度	熱中症対策 家族の食事改善 料理研究、夏野菜・魚	食事改善、貧血・便秘 防災食 時短料理	省エネ ゴミ削減 リメイク	衣服リフォーム レジ袋削減 フェアトレード
令和元年度	生ゴミ対策 夏バテ対策 調理器具、弁当	災害時の食事 ヘルシー料理 作り置き料理、弁当	自立に向けて 家事労働 再利用、バリアフリー	祖父母の生活サポート 防犯対策 ＳＤＧｓ
令和2年度	発酵食品、免疫力 地産地消（千産千消） 食事改善	ダイエット 食物アレルギー対策 家族の健康改善	リメイク 衣服の収納 災害、清掃	マスク コロナ禍の過ごし方 防災対策
令和3年度	免疫力・夏バテ防止 フェアトレード 好き嫌い改善	家族の健康改善 非常食 ＳＤＧｓ	エコバック 防災、節電、清掃 おうち時間	生活習慣改善 洋服リメイク 整理整頓、ＳＤＧｓ

表2　応募作品の傾向

2　審査について

　県内の家庭科教師が輪番で審査員を務める方法もすっかり定着しました。多くの生徒の作品に触れることで、ホームプロジェクトの指導法がわかり、教師の研修にもつながるとして好評です。審査会は毎年冬休み最初に開催していますが、回数を重ねた成果で、冬休み明けには各校で表彰してもらえるように、手順よく審査や結果報告ができるようになりました。

審査員の先生方の感想

- ・家族を思ってのテーマが多く、ホームプロジェクトを実施することにより家庭科の内容を実践することができると思うので続けていくことの大切さを感じた。
- ・「見本にしたい!!」と思う作品がいくつもあり、また、自分では思いつかなかったアイディアがあり、指導にあたった先生方の力や生徒の力には驚かされた。
- ・１つ１つ作ることを大切にしたホームプロジェクトだったと思います。中身を比較したり、家族で考えたりすることで、生活の改善や向上のきっかけを与えているのがホームプロジェクトだと改めて勉強になった。
- ・初任者の研修で参加させて頂き、内容を見させて頂けて大変勉強になりました。また、地区を超えて多くの先生方とお会いすることが出来、情報の交換等も行うことが出来有意義な時間だった。
- ・家族の健康を守るための取り組みや防災意識を高めるための研究に優秀な作品が多いように感じた。研究を進めながら家族の会話が増えて祖父母の郷土や伝統的な食文化について学んでいる様子が伝わり、すばらしいと思った。
- ・取り組みの視点が多様で個性があり、よく現状把握した上で目標を設定、実施、生活向上、さらに新たな課題を発見し、そこに意欲的な様子が見られて本当に良かった。
- ・どの作品も生徒それぞれが考えて作り上げていると思うととても良いと感じました。１枚のプリントでも完成度が高く、時間のあまり取れない学校でも実践できそうだと思った。
- ・SDGsに取り組む内容やコロナで変わった日常生活などがテーマとして多く取り上げられていて、高校生の発想は素晴らしいと感じた。

3　今こそホームプロジェクトを

　ホームプロジェクトは高等学校家庭科の重要な学習として、長い歴史があります。家庭科教師は多忙な日々の中でも「他の教科にはない、家庭科だけの特徴」「生きる力としての課題解決能力を家庭科で育てたい」として、誇りをもってホームプロジェクトに取り組んできました。

　一方で平成29年告示の小学校学習指導要領解説家庭編では、A（4）として、家族・家庭生活についての「課題と実践」が新設されました。これは家庭や地域などで行う実践的な活動で、2年間で一つまたは二つの課題を設定して履修することとされており、小学校版のホームプロジェクトと呼べるものです。中学校学習指導要領（平成29年告示）でも同様に「生活の課題と実践」が新設されました。

　問題解決的な学習の充実を図ることは、現在文部科学省が進める「アクティブラーニング」の教育方法として非常に注目を集めており、家庭科に限らず、今後どの教科でも積極的に取り組むことになります。

　長い歴史を持つ高等学校家庭科では、この能力をどのように育てていくのか、今その真価が問われています。小中学校での学びを受けて、さらに充実・発展させていく必要があります。千葉県の高等学校家庭科では、これからもホームプロジェクトに正面から向き合いたいと思います。

…ちょっと休憩…

家庭科あるある③

出汁賛歌

混合だし、最強！

家庭科あるある④

役に立つ時

きっと合格するよ…

第4章

授業研究

教師はよい授業のために研修をしたいと考えています。それでも日々の業務に追われ、時間がとれないのも事実です。なんとかして負担感なく、有用感の持てる持続可能な授業研究をしたいと考え、私たちは研修会を積み重ねてきました。ご参考になれば幸いです。

※写真は 2018 年の研修会の様子

授業力向上のための自主的研修会のすすめ

東葉高等学校　若月 温美

はじめに

　千葉県高等学校教育研究会家庭部会家庭科教育推進委員会授業研究部では、千葉県の家庭科教師の授業力向上のために活動をしており、2016年より自主的な授業研究研修会を開催しています。研修会は、録画された通常授業を観察した後、参加者は自分の授業を振り返り、課題を見つけ、参加者同士で共有し、授業の改善策を考えることで授業力を向上させることを目的としています。

　この研修会は、2015年に文部科学省の研究指定校となった県立Ｓ高校の授業を、授業研究部のメンバーが参観する機会を得たことから始まりました。参観した県立Ｓ校の授業は、授業者が詳細にわたって研究・準備し、生徒が意欲的に取り組む大変興味深いものでした。協議会後の帰り道、私たちは参観した授業についてごく自然に感想を語り合いました。良かったことや驚いたことに加え、「自分の学校だったら…」等公式な協議会では発言されなかったことにも話題が及び、その時間がとても楽しかったことが強く印象に残りました。

　「授業研究」といえば、準備された授業を管理職や同僚教師が参観し、その後授業内容について協議会を行い、授業者が指導を受けて授業改善を図る方法が一般的です。しかしその方法では、普段の授業とは異なる研究会用の授業を、膨大な時間を使って通常業務の合間に準備することになり、授業者にとっては大きな負担になります。私たちはそのような形式にとらわれない、教師が有用感を持つことができる研修会を実施したいと考えました。以下に私たちの取り組みをご紹介いたします。

自分の授業に役立つ研修会がしたい！

　Ｓ高校の協議会に参加したころ、授業研究部では新たな活動として、多くの教師が参加できる研修会について検討を進めていました。授業研究の進め方について話し合う中で、学校によって、また年度によって教師が担当する生徒はさまざまであり、教師自身にも個性があり、得意不得意もあることなど、授業や教師についての意見交換をしました。そして、この協議会の帰り道に話し合った内容が思い出され、参観した授業について「自分だったらこうする」「自分の授業のここを直したい」「この授業のこの部分を取り入れてやってみよう」など、授業を見た人が自分の授業を振り返り、さらに次の授業を工夫するという方法なら参加者の授業改善につながり意味があるのではないか、という意見が多く出されました。こうして新たな授業研究の取り組みが始まりました。

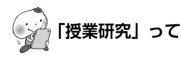 ## 「授業研究」って？

研修会を始めるにあたり「授業研究」について授業研究部で学習しました。

教師は日々授業を振り返り、担当する生徒に合わせた学びを保障することを目指して、授業づくりを行っています。この授業づくりが「授業研究」であり、教師は複雑な事象（題材、生徒の特徴、社会的背景など）が絡み合った授業の経験を積むことで、授業力が向上するといわれています。教師がよい授業をするために必要な力を「授業力」と言い、吉崎（1997）[※1]によると「信念、知識、技術」の３つの側面から構成されています。

表1　授業力の３つの側面

信念	学習指導に対する価値観→授業力の中核に位置付き、授業の方向性を与える
知識	学習指導に関する知識（教授法、学習内容、学習者）
技術	学習指導に関する技術

また、家庭科は生活を学びの対象としているため、鶴田・伊藤（2011）[※2]によると、生徒の生活を基盤にした家庭科の授業をすることで、教師に求められる専門的力量（表2）がついてくるとされています。

表2　教師に求められる専門的力量

教師の専門的力量	内　容
授業を構成する力	教師は子どもと対話しながら、子どもの生活と学びにそった授業を構成する力がついてくる。
教材を開発する力	子どもと子どもの生活がみえてくると、教師は学ぶ側の学びのプロセスを創造することができるようになる。教師の行動が子どもの教材理解にどうかかわっているか、授業が子どもの理解にそって進められているかなど、子どもの側に立って授業を眺めることができるようになる。
授業を即興的に変える力	子どもの生活がみえてくるにつれ、それまでみえていなかった子どもの願いもみえてくるので、授業のねらいも子どもの実情にあったものとなっていく。(略)教師の子どもの声を聞き取る力は、さらに敏感になってくる。

授業研究部では、家庭科の授業研究は、これらの観点に沿って実施することで授業力向上につながると考え、負担感なく参加できる研修会を目指して、新たな取り組みを実施することにしました。

なるほど、授業って奥が深いんですね。
先生たち、がんばってる！

授業研究部内で研修会を試行

　全県の家庭科教員対象の研修会を実施する前に、まずは授業研究部内で試行することにしました。他校の授業を現地でその時間に見ることは難しいため、メンバーの授業を録画しておき、後日それを研修会に参加している皆で一緒に見て、研究協議をすることにしました。授業は、研修会のために準備・計画された特別な授業ではなく、普段の授業を録画します。そして授業者には、その授業についての指導案や授業者の振り返りを資料として提出してもらうことにしました。

◆授業研究研修会の進め方

　普段の授業を録画しておき、それを研修会参加者が観察して、「自分の授業は？」という視点で授業を振り返ります。それを参加者で共有することで、自分の授業に役立つアイデアやヒントを得ることができます。負担感なく実施できる授業研究研修会を、次のような手順で実施してみました（図1）。

図1　授業研究研修会の進め方

準備
- 実施時期、授業者、会場校などを決める。
  　　長期休業中や実施者の都合に合わせて決める。
- 授業者は、授業の録画、指導案などを作成する。
  　　授業は特別の準備をせずに普段の授業でよい。
- 県内の先生方に研修会への参加を呼びかける。
  　　家庭部会を通じて県内先生方へお知らせを配布する。

研修会当日
1　録画された授業を研修会参加者の皆で視聴する。
2　授業者の授業についての説明や振り返りを聞く。
3　参加者の感想や質問を自己紹介とともに聞く。
4　自己分析シートに各自で振り返りを記入する。
5　グループで各自の授業の気づきを共有する。
6　グループ協議の発表と研修会のまとめ。
※次回の授業者を募る。

事後
- 各自が自校の授業改善に取り組む。
- 翌年の研修会で共有する。

第4章

授業研究

◆研修会をまずはやってみよう　～授業研究部内での2回の試行～

第1回研修会（試行の会①）・・

　2016年8月に第1回目の研修会を行いました。この研修会は全県に呼びかける前に授業研究部内で試行し、その効果を試してみようという試行の会でした。参加者は授業研究部のメンバー20名でした。視聴した授業の内容は以下の通りです。

- ●**題材**　「家庭基礎」（2年生）　食物分野「たんぱく質」（授業の時期：2015年6月）
- ●**概要**　アミノ酸価の意味と計算方法、たんぱく質の補足効果を理解し、自分の食生活について考えることを目的とした。

【本時の展開】

時間	学習内容と学習活動	教師の指導上の留意点【観点別評価】
導入	前時の復習	
展開	アミノ酸価の考え方を理解し、計算方法を知る。 ・説明を聞きながら板書事項をプリントに書き写す。 ・自分で計算をしてみる。 たんぱく質の補足効果について理解する。 ・精白米にあうおかずを考え答える。 ・そのおかずのアミノ酸価を知り、たんぱく質の補足効果について理解する	・グラフを示しながら説明する。 ・プリントの活用の仕方 ・アミノ酸価を資料集で確認させ、たんぱく質の補足効果の意味を理解させる。 ・アミノ酸価の考え方と計算方法が理解でき、計算ができたか。　　　　　【知識・技能】 ・たんぱく質の補足効果について理解できたか。 　　　　　　　　　　　　　　　　　【知識・技能】 ・生徒の発言を促す。　　　【関心・意欲・態度】
まとめ	今日の学習について振り返る。	本時の内容が理解できたか。

第2回研修会（試行の会②）・・

　第2回研修会は2017年8月に開催しました。この研修会も試行の会でしたが、授業研究部のほかに、専門学科での経験が長い方や私立高校からの参加者も含め、年齢層も幅広い19名の参加者となりました。授業研究部内で要望の多かった調理実習の授業を録画して、研修会で観察しました。

- ●**題材**　「家庭基礎」（2年生）調理実習（献立：ご飯、麻婆豆腐）（授業時期：2016年6月）

【本時の展開】

時間	学習内容と学習活動	教師の指導上の留意点【観点別評価】
導入	必要な道具の準備 米の準備 身支度手洗いをする。	必要な道具を指示する。 衛生に気を付けて取り組む。【意欲・態度】
展開	調理開始 　米の火をつける。 　材料の下ごしらえ、調理 盛り付け 　米を蒸らして盛り付け 試食 片付け	・コンロの使い方の確認 ・下ごしらえの指示　　　【知識・技能】 ・調理の指示 ・盛り付ける前の作業の指示 ・片付け方法の指示する。
まとめ	確認 片付けが終わった班から報告して帰る。	指示通りできているか確認する。【意欲・態度】

◆2回の研修会（試行の会）の効果

2回の研修会（試行の会）では、録画された授業を観察した後、自分の授業を振り返るために自己分析シート※3に記入し、それをグループで共有しました。【資料A】（p.125）はこの時期の参加者の振り返りを一部整理したものです。研修会の参加者は自分の授業を振り返ることで、課題に気づき、他の参加者と授業の工夫や家庭科観について共有することで、自分の課題の解決策を考えました。

・自分の授業を客観的に見るのは、改めていいと思った。

・皆で同じ授業を見て、共有できるネタがあり、授業者の捉え方と他の捉え方が分かったりして、共有しやすい方法で、授業研究の方法としていいと思った。

・録画された授業を見ると、課題が授業の仕方、発問の仕方なのかとか絞られてはいないがすべてのことが入っている。一つのテーマの授業だけどそこから発生して、いろんな話ができ面白いやり方だ。

・「自己分析シート」【資料A】にあてはめて自分の授業を分析してみると、もっと詳細に自分の授業について見えてくるので、今後授業をよくしていくために役に立つ。

・悩みが共有できて安心した。他の先生方の工夫されているところなど、取り入れたいアイデアも得られてよかった。

・自分一人では思いつかないことも多くあり、様々な学校、年代の方と交流できるのは良い機会だと思った。

研修会に参加した教師は、以後の授業の取り組みについて次のように語ってくれました。

【A 先生】

　大きく変えたことはないのですが、感想を書かせるときに、実習のねらいについてふれながら感想を書くように伝えました。

　各班を回りながら声をかけることはさらに心がけるようになりました。また、上手な班を大きな声で誉めて他の班の手本にさせることも意識するようになりました。ちょっとしたことも、研修会のお陰で見直したり意識したりしているのかな、と思います。

【B 先生】

　研修会後、変えたいと思った点は 2 点ありました。

①ポイントを明確にする。

　以前までは黒板に書いたり書かなかったりでしたが、研修会後は黒板に箇条書きで書くようにしています。(生徒は見ていないかもしれませんが、自分が確認するという意味でも。)

②事後のまとめの工夫

授業研究部内での2回の試行で、参加者の感想からその効果が確認されたため、この研修会を家庭部会を通じて県内のすべての先生へ呼びかけて実施していくこととなりました。

授業力	内容	振り返り
教材について	**献立について** レシピの位置づけと使い方	・簡単にできる日常食、中華料理 ・食材の選定と調理を楽しむ、食品表示を読む、食材を比べてみること ・50 分で作って片づけられる調理 ・だしの取り方　　・基本技能を学ぶ献立 ・中学の応用や復習、実技テスト（個人戦）、エコクッキング（団体戦） ・一人一人が活動できる　　　・一人暮らしの調理 ・生徒の期待度が高いメニュー　実験的な調理性の学習
	実習を通して学ぶこと 調理実習で大事にしていること	・基本的な調理技能　普段の生活に取り入れる　　・炭水化物の復習　身支度 ・他のレシピに応用 ・安全、見通し、実習のねらい ・調理の流れ、衛生で安全　作る楽しみ ・一人一人の役割　食材の味　家で再現できるレシピ ・実習のねらい　衛生　生徒の活動　食材・調理法 ・料理に興味を持つ、責任を持って行動 ・作る喜び　基本的な技能、食品との特徴 ・食文化の違い、多様性に気づく
授業の構成	**事前指導** 示範の程度と目的	・材料、方法、作業分担 ・班分け、片付けのポイント、栄養バランス、ポイントの確認 ・ビデオで見せたのち事前準備　作り方の手順を予習、自分レシピを書かせる
	本時 完結させるということに対する考え方（時間）	・包丁を一回は使う、事前に材料と調理器具の準備、身支度をしてから始める、使うタイミングで食材を配る、試食中に片付けの説明 ・教師の予想通りに進まなかった、粉と豆腐を混ぜる経験がなくためらっている、「耳たぶくらいの固さ」が分からない ・準備ができるまで始めない、上手にできている班をほめる、道具や具材は出すのみ ・目標時間を書く、事前に道具の準備、片付けチェックシート ・作業の進行状況の確認、使わない器具は回収 ・視覚情報の提供 ・休み時間に準備、実習前野悦明 5 分 ・準備念入り（教員が行う）生徒への声掛け、指示 ・タイミングを見て注意、進め方の声掛け ・時短のため材料、分量は少なめ、時差ができないように途中で区切りを入れる ・あとかた付け、終わりの時間、目標を持たせる、要所要所で声掛け ・前日の放課後、当日の朝に準備、机間巡視をして指導助言 ・途中示範 ・ぐるっと回って、前中心に戻り全体を見る、「自分でもできそう」「へー」上手な生徒へのあこがれ ・時間を区切って、材料の配布、示範をする、必要な用具は準備 ・取り掛かる時間の板書、作る順に食材の配布、使い終わった道具の片付け
	事後指導	・調理記録に感想等　　　　・レポートの完成、マイレシピ ・感想をその日のうちに書かせて提出　　　　・写真を撮りよいものは廊下に貼る ・食品の分類、関連して学ばせたいこと、自分がかかわらなかった作業の確認　失敗について説明
授業における即興的判断	**生徒の質問への対応**	・レシピに書いてあることは見させる、質問には答える、友達の様子を見させる ・見回りをし、わからないグループには見せて教えた ・質問が多い点は全体に説明 ・進度の良い班、盛り付けの良い班をアナウンス ・遅れている班は入ってサポート ・明らかにさぼっているものには事前に指導済みに ・レシピに書いてあることを聞かれて「プリントと読んで」と言ってしまったが書いてあることでも応えればよかった
	生徒の失敗への対応	・説明を聞かずに失敗した生徒は注意　　　・失敗には柔軟に対応 ・失敗を防ぐように見回る、失敗を失敗と思わせないように ・失敗の原因を考えさせる、 ・ある程度なおせるものは直すができないものはもう一度作らせる ・事前に予想される場合は手助け ・はじめのクラスの失敗を次に生かす

研修会の本格実施

　2回の試行から、参加者の反応は良好で、手ごたえが感じられました。第3回研修会では、振り返りには再考した自己分析シート【資料B】(p.133) を用い、録画の観察後、参加者が自分の授業をじっくり振り返り、それをグループで共有する方法をとりました。

　研修会で観察した授業は、授業研究部のメンバーのものを中心に、通常の授業を録画したものです。

第3回研修会 (2019年8月開催) ・・

「エコティシュカバーを作ろう」～学びあいを通してみんなで完成！～

●題材　「家庭基礎」(1年生) 被服分野の被服実習 (「エコティシュカバーを作ろう」

(授業時期：2018年1月)

●概要　エコティッシュカバーの制作を通して、形やデザインの工夫、手縫いやミシンによる直線縫いなど目的に応じた縫い方ができるようになる。また、互いに学びあい、クラス全員で完成を目標に協力することができる。

【本時の展開】

時間	学習内容と学習活動	教師の指導上の留意点【観点別評価】
導入	前時と本時の課題の確認	袋口ができている。 本時の課題の確認
展開	本時の課題の説明を聞く。 Aグループ 　ひもおりの説明を聞く。 　角縫いの説明を聞く。 　角縫い練習 (10分間) 　ひも縫い本番 Bグループ 　角縫いの説明を聞く。 　角縫い練習 (10分間) 　ひも縫い本番 　＊先生役となる。	・2つのグループに分かれて作業するように伝え、互いに教えあうように進めさせる。 ・Aグループの生徒はひもの折り方を知っている生徒から聞くように促す。 ・角縫いの説明をする。 ・試し布で練習ができてるか確認する。 ・ひも縫いができているか【技能】 ・課題が終了した生徒が先生役となる。 【関心・意欲・態度】
まとめ	・本時の進度を確認する。 ・次時の予告を聞く。	終わっていない生徒への指示をする。 次時の予告をする。

【授業者の振り返り】

　中学、高校の様子、学校の設備の様子を踏まえ、生徒に「やった感」「作った感」「達成感」を味わってほしいので「アクティブラーニング的実習」を導入した。「教えて初めて上達する」実技の醍醐味を知ってもらいたかった。

　録画した授業を見て、先生役の生徒が教えている姿を確認することができた。4人班で協力して行っているため、連帯感や一体感が実習を通して生まれている。また、先生役としての責任が芽生え自己肯定感も満たされる。

　教師への質問が減り、マンツーマン指導がなくなったため、机間巡視できる時間が増えた。生徒同士で教えることで誤りがあること、進捗状況を教員に見せることを指示したが、全く来ないために把握できない生徒がいることが課題となった。

第4回研修会（2020年8月開催）・・

「これからの住まいを考える」～日本の未来を予想しよう～

●題材　「家庭総合」（1年生）　住生活分野「これからの住まいを考える」（授業の時期：2018年11月）

●概要　少子高齢化などの社会の変化を理解することにより、身近な生活の変化を想像し、これから
の生活に興味・関心を持つとともに、課題意識を持たせる。

【本時の展開】

時間	学習内容と学習活動	教師の指導上の留意点及び評価
導入	＜個人ワーク・全体共有＞ 日本の少子高齢化に関する問に答える。 問いを付箋に書いて黒板に貼る。	世界と日本の状況を確認させる。
展開	未来の生活を予測しよう。 ＜全体共有＞ 現在と30年前・後を比較する。 ・子どもの数 ・農業従事者 ・町の様子 ＜個人ワーク・全体共有＞ 30年後の生活を想像する。	・子どもの数や学校が減ることによる生活の変化について考える。 ・農業従事者が減ること、高齢化が進むことによる生活の変化について考える。 ・空き家が増えること、町の老朽化が進むことによる生活の変化について考える。 ・未来の生活に予想について正解がないことを伝える。
まとめ	＜個人ワーク＞ 未来の生活からこれからの生活について考えたこと、各自が興味関心を持ったこと、課題に思ったことをワークシートに書く。	授業の最初に比べて理解が深まったこと、将来の生活に向けて考えたことを具体的に書く。興味・関心・課題意識を持ったことについてまとめているか。

【授業者の振り返り】

　これまでの授業で「地域に対する興味関心」は養うことができたが、「主体性」「実践的な態度」については不十分であったため、授業の構成と教材の見直しを行ってきた。今回の研修会の授業担当を行うにあたり、「授業力」について振り返ってみてこれまで考えてきたことを整理することができた。

第5回研修会（2021年8月開催）・・

「将来の生活経済を考える」～貯蓄・投資ゲームを通して～

●題材　「家庭基礎」（3年生）　家庭経済分野「私たちの暮らしと経済」（授業時期：2019年11月）

●概要　導入として、ニュースで話題になった高齢者世帯の暮らし向きから、中長期的な経済生活設計の必要性を考える。次に生徒は班を作り貯蓄、投資ゲームを行う。その結果から、金融商品の「安全性・流動性・収益性」について調べ、考えたことを班で共有し、全体でもまとめる。

（詳細はp.86参照）

【授業者の振り返り】

　生徒は各自1台の端末を持ち、先生の指示で調べ学習やまとめに使っている。教師もプロジェクターを用いて資料や生徒が送ってきた意見をその場で示すなど、効率よく利用しながら授業を進めた。生徒は、ゲームに積極的に参加し、班のメンバーと話し合いながら投資・貯蓄のシュミレーションを行っていた。ギャンブル的な盛り上がりを楽しんでいるものも見られた。「高齢期の経済生活」をイメージし、将来の経済生活について考えを深める時間が必要だった。

教師達が感じた研修会の面白さ

　2021 年度までに 5 回を数えた研修会は、各回 20 数名の参加者でしたが「とても話しやすく参加しやすい」と好評でした。また、台風やコロナのため延期になってしまったこともありましたが、研修会を「中止でなく延期に！」という声や「来年もまた参加したい！」という声が寄せられました。そんな研修会で、教師が「ここが面白い」と感じたのは次の 5 つのことでした。

　　　　　　　　研修会はここが面白い①　　**授業のアイデアやヒントがもらえる**

・取り組みの難しい分野のさまざまな工夫を知ることができる。
・新しい内容の取り組み方のヒントが得られる。
・ICT やグループ活動など、新しい授業の取り組み方と効果を実際に見ることで、「これならできそう」と勇気をもらえる。

　普段授業を行う中で、不安に思っていることなどをお話しさせていただいて、解決策が見えた。

　先生方のたくさんの工夫された授業をお聞きして、自分の授業に生かしていきたい。

　一人で授業研究をしているとつい教科書に沿った内容になってしまうので、切り口に工夫を凝らした授業を拝見し、自分の授業に生かしていきたい。

　研修会は録画した授業を観察し「自己分析シート」を使って自分の授業を振り返り、それについてグループで話し合いました。ベテランから新人まで経験はさまざまな参加者がグループでの協働学習を通して、世代を超えて日頃の授業について交流する機会となりました。
　取り組みの難しい分野の切り口や新しい内容や授業の方法、そして家庭科教師ならだれもが一度は悩むこともグループの話し合いによって解決し、自分の授業をよくしていく勇気と元気をもらうことができました。

第4章　授業研究

・自分の授業の課題に気づく。

・授業の目標を見直すことができる。

・授業の振り返りをすることの大切さに気づく。

言葉や言い方の癖が伝わりにくい原因の一つになっていると思うので、話し方も気をつけてはいる。

自分の授業に対する信念をしっかり持つこと、また生徒が今後人生を生きていくうえで必要な情報、考え方を伝えていくことが大切だ。

生徒の求める学び、良い「人生に関する学び」になるよう改めて自身の取り組みを見直さねば。

　日々の教育活動の中で、授業研究のために他の教師が行う授業を見に行くことは難しいので、日ごろの授業を録画したものを観察し、授業実施者の振り返りを聞きました。その後参加者は「自分の授業はどうか」「自分だったら」など自己分析シートに沿って、自分の授業について振り返りをしました。

　「わかりやすい授業」「生徒を効果的に動かす」など自分の授業の課題に気づきました。そして「（被服実習で）よい作品を作らせる」ことや「他の分野ともっと絡めて教える」など授業の目標を見直すことができました。授業を振り返ることの重要性にも気づくことができました。

授業で使えるICTの活用法なども、
この研修会で実際に教えてもらうことが
できました。

第4章

授業研究

・家庭科の共通の悩みや授業以外の悩みを話し合える。

・家庭科の特徴に気づくことができる。

・家庭科への愛着が一層深まる。

教員の価値観によっても内容の取扱い方にばらつきがあるため、このような研修会を通して、みんなで情報共有をしておくことが大切だ。

株、投資、保険など勧めたいか勧めたくないかではなく、それを題材として何を伝えたいかを明確にして、授業づくりをしていく必要がある。

私自身が生活に疑問を持ったり、幅広い視野で家庭科をとらえることが大切だ。

自分ならどういう働き方（生き方）を選択するのか考えさせたい。

　「時間が足りない」「効果的な被服実習は？」など、多くの学校で取り組んでいる家庭基礎には共通の悩みがあります。実習授業の効果的な取り組み方や、時代によって影響を受ける学びの内容について意見交換をし、「なぜどのように学ばせるのか」考えを深めることができました。そして、「家庭科を学ぶことの意義」について改めて見直すことができ、参加者の家庭科への信念や愛着も一層深まりました。

2017 年研修会

第4章　授業研究

・授業を振り返る中で、自分の学校の生徒の実態も振り返る。

・「自分の学校の生徒」にどのような授業が必要か、「どうしたらできるか」考える。

生徒同士の教えあいを生徒の能力に応じてできるクラスでは実践したい。

発問の工夫、学習の仕方、授業の進め方、「何を学ばせるか」「どう学ばせるか」をもういちど考えたい。

生徒の興味関心を引き出すような内容を考えたい。

うちの学校は、比較的恵まれた家庭環境にいる生徒が多いように思うが、様々なことを「知ったつもり」になっている。授業を通して知識を整理させたい。

　家庭科の授業は、生徒の生活実態をよく見て取り組むことで生徒の興味関心にこたえ、生徒が生き生き取り組む授業になります。生徒の実態をよく知ることから、受け身にならず自分の意見や考えを表明したり、積極的に活動できる授業を展開することができます。そのために、日頃から生徒とどのようにかかわるかが、授業の在り方にも反映していることに気づきました。

第4章　授業研究

2018年研修会

131

・具体的な授業改善策に気づき、次の授業に取り組む意欲がわく。
・授業をほかの教師に見てもらうことで新たな気づきが生まれる。

被服製作の授業では、ペアでわからないところを教えあうように伝えている。

まとめや感想を書くことはやめ、質問に答えるという方法にした。

前回の授業の振り返りを必ずするようになった。

　一つの授業を共有して協働で授業について考えることで、授業改善のために取り組むことが具体的に見え、これからの授業をよりよくしてこうという励みになりました。また、自分の授業を録画してほかの教師に見てもらうことで、自分の授業を客観的にみることができ新たな気づきも生まれ、授業改善につなげていくことができました。

 ## 最後に

　2016年から始めた研修会も、6回を数えることになりました。はじめは自分の授業を録画することを躊躇していた参加者でしたが、研修会が終わると次の授業者に手を挙げてくれる人が途切れることなく出てくるようになりました。自分の授業を客観的に見ることで、授業者自身の学びにもなるからです。

　ICTの活用法やコロナ禍を経た新しい実習形態、時代に求められる学習内容など、家庭科教師には常に多くの学びが求められています。一人では思いつかなかったことも、皆で考えることでいろんなアイデアを得ることができます。授業改善の力になるこの研修会を、今後も参加者の期待に応えられるよう工夫を重ね、継続していきたいと考えています。小さなグループでもできるこのような研修会に、ぜひ取り組んでみてください。

資料 B　授業力自己分析シート

学校名　　　　　　　　　　氏名

授業力	内容	振り返り
教師の信念	単元についての教師の思い	
教材理解	授業を通して何を学ぶか	
授業の実践	前時までの指導	
	本時の指導	
	事後指導の予定	
生徒理解	生徒の反応はどうであったか	

「授業力」（信念、知識、技術）をもとに作成した。

参考文献等

※1　吉崎静夫 (1997). デザイナーとしての教師、アクターとしての教師（金子書房）
※2　鶴田敦子・伊藤葉子 (2011).　授業力アップ　家庭科の授業（日本標準）
※3　家庭科の授業を創る会 (2007).　とことん家庭科　ありそうでなかった「調理実習の研究」

…ちょっと休憩…

家庭科あるある⑤

ああ、蒸し器

やさしい味わい、今は昔

家庭科あるある⑥

ああ、ガスコンロ

火がこわい…！？

第5章

学び合い、つなぐ家庭科

　この章では、今後の家庭科の可能性として地域連携
の取り組み、卒業生の声、コロナ禍での家庭科の取
り組みを取り上げました。私たちの生活が変われば、
生活に密着する家庭科の学びも発展していきます。
ぜひ一緒に考えていきましょう。

※写真はタイの教職員対象に日本の高校家庭科の授業を紹介
　している様子（p.155 参照）

1. 地域を見つめる　地域連携で創る家庭科の授業

地域の方から地元の伝承遊びを学び、子どもたちに伝えよう

千葉県立天羽高等学校　熊澤　澄

　本校は、「地域連携アクティブスクール」として10年目を迎え、地域の教育力を活用し、将来社会に貢献できる心身共に健康な生徒の育成を図っています。普通科生活コース3年生「子ども文化（3単位)」の授業において地域の方の協力を得て、伝承遊び「竹馬」の製作と小学生との交流を実践しています。

＜実践に至るまで＞
「自然の素材を活用した伝承遊びを授業で取り上げたい」

　以前から本校と交流があった地域住民であり本校卒業生の方に相談しました。材料調達（竹藪の伐採許可)、竹馬名人の紹介、高校生が製作できる竹馬の試作など、全面的に協力してくれることになりました。踏み台部分の結び方やストッパーの導入など改良を重ね、安全性を向上させました。

「家庭科で学んだことを実生活に生かしたい」

　本校から徒歩15分の学童保育と本校吹奏楽部や合唱部は交流があり、「高校生が竹馬遊びを教える」という提案をしたところ、「小学生も喜ぶ」と快諾してくれました。

　実施時期は、竹の伐採に適した2学期半ば（10〜11月）で、2学期後半実施の保護者面談期間中（短縮授業）の放課後に小学生との交流会を実施しました。

＜授業、交流内容と生徒の様子＞
1時間目　「竹馬の製作」

　……地域の本校卒業生より竹の特徴及び製作方法について学びました。

- ・ストッパー削りから作業は開始。慣れないカッターを恐々と扱う。
- ・自然の道具である竹は、太さも節の長さもまちまちであることを理解する。

竹馬製作　ストッパー削り

2・3時間目　「竹馬」体験

　……乗り方のコツを習得し、遊び方を考案しました。

- ・ほとんどの生徒が初心者だが、「乗れるようになりたい」という思いで真剣に練習する。
- ・自分で考え仲間と教え合い、自分たちで習得していく姿が見られる。
- ・歩けるようになると、踏み台を高くする・走る・競争するなど、遊びを工夫していく。

竹馬の乗り方練習

4・5時間目 「竹細工」の製作

……箸と菓子切りを製作しました。箸は調理の時間に、菓子切りは和菓子講習会で使用しました。

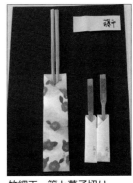

6時間目 「竹と日本人の生活文化について」

……竹が日本人の生活文化に根付いていたこと、時代と共に金属やプラスチックに変化していったことを学びました。

7時間目 「放棄竹林の問題について」

……各自治体の取り組みを学び、解決策を探りました。

竹細工　箸と菓子切り

8・9時間目 「地域の小学生に伝える」

……地域の学童クラブで竹馬の組み立て方や遊び方を教え、遊びを伝える楽しさや難しさ、子どもとの関わり方を学びました。
  ・竹馬を丁寧に組み立て、安全性に配慮する。
  ・小学生に適切な指示を出すことに苦慮し、物事を伝えることの難しさを実感する。
  ・小学生の遊びに対するエネルギーを肌で感じ、遊びの大切さを理解する。

交流会　竹馬体験前の調整

小学生に乗り方を教える

卒業生:萱野孝夫氏　　小学生:放課後児童健全育成事業「クラブフレンズきんこく塾」

　伝統校である本校は、地域で活躍する卒業生が多く大変協力的です。先人の知恵・技術は授業に大きな幅を持たせてくれます。自然の素材で製作する玩具は、道具の使い方を習得し、試行錯誤する姿勢を身に付けることができ、生徒にとって新鮮に感じられるようです。

　小学生に竹馬の乗り方を教えることで、授業で学んだ知識や技術が定着し、主体的に活動する力が養われます。触れ合い体験は、「遊びの持つ意味」や「子どもとの関わり方」を実感できる貴重な学びの場となります。

＜生徒の感想＞

・ストッパーを削る・紐を結ぶ・バランス良く乗る、どれも難しかったが達成感があった。仲間と一緒に身体を動かせる健康的な遊びだと思った。
・小学生は無邪気で遊びに夢中になれる天才だ。皆、素直に話を聞き、上達も早かった。
・小学生との交流は、子ども文化の学びを深め、保育検定受検に生かすこともできた。
・竹の特徴や竹がプラスチック製品に変わってきたという卒業生の話は印象的だった。

第5章　学び合い、つなぐ家庭科

地域とかかわり住みやすいまちづくりを考える

千葉県立船橋北高等学校　千葉 友紀子

　本校では家庭総合（4単位）を1・2年生で実施しています。授業前アンケートで、学校周辺地域や地元の様々な活動について知っている生徒は少ないことがわかりました。

　そこで1年次は"地域に対する興味関心"や"主体性"を持たせることを目標に、「少子高齢化が進む中での生活の変化」や「まちづくりの歴史と現代の課題」等の社会との繋がりを意識した学習を授業に取り入れています。また3年次の学習や部活動では、1年次に身に付けた"主体性"や"実践的な態度"を活かすことを意識した実践を行っています。

取り組み 1
1学年：家庭総合（必修）
住生活（人と住まいのかかわり、安全な住まい環境、これからの住まいを考える）

取り組み 2
3学年：フードデザイン（選択）
災害時の"食"について考える

取り組み 3
部活動：家庭科部
地域防災訓練、パーティション製作

取り組み 1　家庭総合〈2単位〉1・2年生必修

月	学習内容（1年生）	備考（フィールドワークの準備）
8		・ガイドの依頼 　（開かれた学校づくり委員） ・授業内容の打ち合わせ
11	これからの住まいを考える（全5時間） 　1　日本の未来を予想しよう！ 　2　住環境について 　3　みやぎ台のまちについて知ろう 　　（フィールドワーク） 　4　持続可能なまちづくり 　5　身近なまちのまちづくり 　　（ホームプロジェクト）	・職員会議にて実施要項の配布 ・1学年と遅刻者対応の打ち合わせ ・1学年担任へ引率の依頼

3時間目：みやぎ台のまちについて知ろう（フィールドワーク）

　住生活の特徴、防災などの安全や環境に配慮したまちの機能について、学校周辺のまちを観察しました。地域のガイドさんの話を聞くことで、地域に対する興味関心を高めることができました。そして、家族や地域及び社会の一員としての自覚をもって、ともに支え合って生活することの重要性について考察しました。

4時間目：持続可能なまちづくり

　防災などの安全や環境に配慮した住生活とまちづくりについての課題を解決するために、持続可能な社会の構築などの視点から、よりよい住生活の創造について考え、工夫することができるようにグループワークを実施しました。

・みやぎ台地区の課題 (赤い付箋)
・課題に対するみやぎ台地区の人たちの工夫 (青い付箋)
・まちの課題に対し、高校生ができること (黄色い付箋)
→
模造紙に貼って共有
→
意見をまとめる

<生徒の感想>

・グループワークを通して、まちによって抱えている問題が違い、それらをまちの人たちの手で解決しようと努力していることが分かった。災害が起こったときは近所の人たちに声をかけ、安全な体制でいられる状態も作ることができるようにする。このように、若い人たちが積極的に社会に取り組めていけたらいいと思う。

・ご近所さんたちとの交流を深くもち、助け合ってよりよいまちにしていきたい。1つのことをみんなで成し遂げると絆が深まり、活気あるまちになるのではと思った。おじいさんの"みやぎ台"を思う気持ちがよく伝わってきて、とても楽しいまち歩きだった。

取り組み 2 p.76 参照

取り組み 3

　本校家庭科部は部員 10 名（男子 5 名、女子 5 名）が、「学校内だけではなく、地域の生活にも目を向けて活動をする」ことをモットーに、少しでも多くの方に出会い、自分たちにできることを考えて、行動に移すことを目標に活動しています。主な活動は次の通りです。

> ・学校隣の高齢者福祉施設に併設されている託児所の訪問（月 1 回程度）
> ・船橋市の特産品を使ったお菓子の開発
> ・地域の防災訓練、福祉祭りへの参加

避難所のパーティション製作（コロナ禍の活動）

　新型コロナウイルスの感染拡大のため、これまで行ってきた"地域の人々と直接触れ合う活動"が難しくなりました。新たな活動テーマを話し合う中で、「日頃お世話になっている地域の方のために、今だからできることを行いたい」と意見がまとまりました。ニュースで災害時の新型コロナ対策が課題となっていることを知り、避難所のパーティション製作をすることにしました。

　作り方や予算についてみやぎ台の防災部会の方たちに相談したところ、パーティション用の布の寄付を回覧板で呼びかけてくださり、避難所で使える枕カバーや布マスクがあれば便利、とアイディアをいただきました。さらに布を張るポールは、水道配管事業者の保護者がプラスチック製の配管を加工してくださるなど、協力を得ることができました。

<生徒の感想>

・いつものように地域の人と直接会うことができなかったが、地域の人と一緒に作っている感じがした。高齢者や子供たちの力になれたら嬉しい。

・生地が大きいのでまっすぐ縫うのが大変だったが、自治会の方に褒めてもらえてよかった。

・カラフルなパーティションは小さい子が避難したときに、どのパーティションのところに家族がいるのか目印になって良いなと思った。

2. 未来を見つめる　生活設計を学んだ生徒たちの声

家庭科で生活設計！？　大事だから1回は考えてみて

國學院大學栃木短期大学
元千葉県立流山おおたかの森高等学校
仲田 郁子

　2019年1〜2月、勤務していた高校では2年家庭基礎で「生活設計」の学習に取り組んでいましたが、偶然にもNHKラジオ国際放送で、人生すごろく作りの実践が紹介されることになりました。家庭科のキーワードから日本の社会状況を海外に発信する番組で（番組名は「暮らしと社会のキーワード」）、人生すごろく以外にも「制服」「自立」などが取り上げられていました。

　生活設計の授業は表1のような流れで実施しました。導入として人生すごろくを作成し、その後振り返りを行う様子が取材され、生徒の声とともに日本の家庭科学習として、世界17言語に翻訳され、ラジオで放送されたのです。

　その時ラジオ放送のために、3人の生徒にインタビューを行いましたが、今回本書のために専門学校で学ぶ彼らに再会し、話を聞くことができました。高校時代に生活設計を学んで、どのようなことを考えたのか、また、現在の生活や将来の夢について、そのことがどのようにかかわっているのか、授業実施者としてはとても興味がありました。

　今回、在学時のインタビューと併せて、紹介するので、どうぞ元気いっぱいの彼らの声をお聞きください。

表1　授業計画（家庭基礎）

回	時	内容
1	1	親になるということ
	2	出生届、虐待
2	3	人生を見通す・リスクに備える
	4	人生すごろくの作成
3	5	ふりかえりのまとめ
	6	共生社会と社会保障制度
4	7	ライフコースと家計シミュレーション
	8	
5	9	ディベート　進学と教育ローン
	10	生涯の経済計画とリスク管理
6	11	大人になることと消費者の責任
	12	現代家族の特徴

2021年12月
柏市内の会議室で再会しました。

第5章　学び合い、つなぐ家庭科

◆授業直後のインタビューから（第3回授業終了後　2019年1月）

※インタビュー：番組ディレクター

（1）神﨑颯汰さん

Q　宿題でわからないことがあったら家族に聞いてくるというのがあったね。

A　両親に聞きました。母は仕事をしていて、父は仕事の関係で怪我をよくしていたので、生命保険に入っていてよかったと言っていました。それを聞いていたので途中で生命保険の欄をいれました。

Q　お母さんの話を聞いてどう思った？

A　3人兄弟なので、お金がかかると思い働きに出ることにしたようです。

Q　人生すごろくを作る授業はどうでしたか？

A　下書きの時は自分だったらこうなるかなーという、リアリティを追求してしまった。自分は作っていて楽しかったけれど、部活の顧問の先生につまらないと言われ（笑）、妄想入れて書き始めた。考えて書いていくのが楽しかった。

Q　全部ひっくるめて気づいたことはありますか。

A　一言で言えば、とことん自分は将来設計ができていないんだなと分かりました。自助、公助とかやったけど、（自分は）全部自助だけだった。社会人になったら知っておかなければならないと思いました。ゲームしたり、勉強したり、旅に出たり、自分の好きなことをして生きることが目標なので、それができていれば十分です。

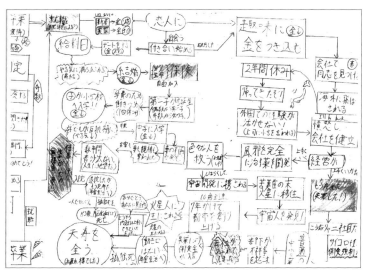

図1　神﨑さんのすごろく

夢がたくさん盛り込まれている！

（2）吉野しおりさん

Q ３つリスクを入れるんだったよね。

A 自分が（試験）落ちるのと、旦那さんの事故と借金、長男が高校受験失敗と、自分が健康診断で病気が見つかっちゃう。

Q なるほどね．旦那さんの事故はどう解決するの？

A 旦那さんは保険に入っていたのでお金の心配もなく大事に至らずに済みました。会社を立てて借金ができて二人で頑張ってお金貯めました。

Q 宿題で家の人から話を聞きましたか。

A 聞きました。親が離婚していて、母が弟と私を育てるため寝る間も惜しんで働いて、その後今のお父さんと結婚したことを聴きました。お母さんの仕事の話と、幸せなことしか想像できなくてリスクがうまく出てこなかったので、過去にリスクとかあったのか聞きました。

Q 話を聞いてみて、例えばこんなことはあるなという風に生かしたことはある？

A 離婚はいやだからいれなかったです。事故や本当にあった話を交えて入れました。

Q お母さんの話を聞いて、一人の女性として素直に感じるところってあった？

A 強いと思いました。２４歳で私を産んで、離婚して、おばあちゃんが私たちを見てくれて、朝から晩まで働いていて、お母さんてすごいなあって。今の自分が７年後に同じことをやっている姿は想像できなくて。

Q 今回すごろくの授業を受けて、発見したこと、気づきはありましたか。

A 最初書いているときは、自分だけの人生だけだったけど、結婚してから子ども生まれてとか、自分の人生だけじゃなくてほかの人も自分の人生にたくさん入ってきて、ほかの人とかかわっていくことが楽しいって思いました。看護師になって、好きな人と結婚して、子どもがいて、自分も夫も働いてお金貯めて。今の自分のお父さんお母さんに恩返ししたいなと思っているので、親と一緒に住みたい。親とずっとかかわって、家族作って、離婚せずに幸せな家庭を築きたいな。

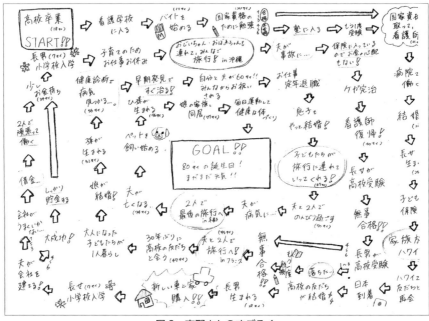

図２　吉野さんのすごろく

第５章

学び合い、つなぐ家庭科

図3　鈴木さんのすごろく

（3）鈴木翔太さん

Q　最初のリスクは何ですか。

A　事故です。

Q　対処法は何ですか。

A　自動車保険に入っていてお金がかからずに対処できました。

Q　結構保険のこととか入れてるけど、割と知ってたの？

A　知っていたけど、自助以外の二つのことは知らなかったので、自助ばかりになりました。年金は祖父母がもらっていることを知ってたので払うことは知っていました。

Q　就職するって決めてるけど、どうして？

A　親から仕事の話はよく聞くのでイメージしています。

Q　改めてすごろくの授業を受けて考えたこと気づいたことは何ですか。

A　20代30代はイメージができたけど、年取った時何してるんだろうって、思いうかばないです。書いていて思ったのは、奥さんと子どもがいて仕事から帰って話している。それが理想的かなって。

Q　共働きとかは考える？

A　楽させてあげたいとは思うけど、奥さんがやりたいことは続けていいと思います。人間関係がないと寂しいので、やなことがあっても誰かに頼って相談して、人に頼って乗り越えて元気になって頑張る。

仕事のことも、
結婚してからのことも、
真剣に考えたんだね、

◆卒業して2年後…（2021年12月、柏駅近くの貸会議室にて）

※インタビュー：若月（東葉高校）、仲田

＜現状報告＞

仲田 今日は集まってくれて、ありがとう。家庭科で生活設計の授業をした時ラジオに取り上げられて、皆さんにもインタビューしていろいろ話してもらいました。そのことを本に載せるのだけど、今日はその後の皆さんの話を聞きたいと思います。卒業後今どうしているか、高校で生活設計の勉強をしてどうだったかを話してもらえたらと思っています。

吉野 今は看護の専門学校の2年生です。3年間行きます。

鈴木 自動車整備の専門学校です。4年制です。

神﨑 ビジネス専門学校の2年生です。4年制です。通信制の大学とつながっていて、4年間行けば大卒の資格も取れるところです。

仲田 高校ではすごろくを書きながら自分のこれからについて考えてもらったけれど、今は自分の生活設計ってどんなこと考えていますか。

吉野 就職と、あとは女子なので結婚と出産は考えます。早く結婚したいです。

鈴木 彼女が看護学校に行ってるけれど、（彼女は）将来は動物の保護施設を作るのが夢で、俺は自動車の会社を作るのが夢で、茨城にでっかい土地買って一緒に作ろうって言ってます。

仲田 神﨑さんは将来の生活設計はどうですか。

神﨑 正直なところものすごく考えたくなくて、考えてないです。

鈴木 おい、現実逃避するなよ。

神﨑 将来のことを考えると無性に怖くなって。例えば卒業して就職したとき、人間関係大丈夫か、どんなところで働くのか、働いたとして家を出るのか実家から通うのか、将来介護もあるし、兄弟が結婚して親戚関係大丈夫かなとか、不安がものすごくこみあげてくる。

鈴木 わからない不安か。

神﨑 全部不確定だから、やだな、考えたくないな〜てなって。現実的なこと話せば、資格の勉強やってて、夢としてはそこそこの企業に勤めて、ある程度給料もらって、おとなしく一人で生活したいな。

全員 （笑）

仲田 3年前もそんなこと言ってたよね。何の資格取ろうとしているの？

神﨑 応用情報技術者検定です。合格率25％で国家資格です。

鈴木 どんな資格なの？

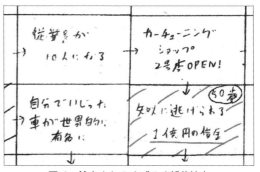

神﨑 例えばネットやプログラミングとかセキュリティとか、IT現場で働いている人が取れる資格。

鈴木さん

鈴木 それ取ったら俺の会社に入りなよ。

仲田

図4　鈴木さんのすごろく部分拡大
カーチューニングショップ

＜自分の中の変化＞

若月 高校生までと今で、自分の中の大きな変化って、感じるところはありますか？

鈴木 変化？・・・あるかな。

神﨑 余計見えなくなったなあ。

若月 見えなくなった、見えすぎちゃったとか。

神﨑 昔はある程度こういう風に生きて行けばいいかなとか思っていたけど、進学して実際に就職とか考えたら、逆に選択が増えすぎて、わからなくなった。

若月 選択肢がたくさんになったんですね。吉野さんは実習やってみて、将来の仕事に対してどうですか？

吉野 不安は増えました。患者さん一人を自分だけで受け持つと、自分が何かしちゃったらどうしようとか、患者さんに何かあったらできるのかなとか実習に行って思いました。

仲田 そうか、大変だね。

吉野 （私が行っている）病院はコロナの患者さんを受け入れていて、身近な病棟にコロナがあって、自分がもしコロナの患者さん受け持つことになったらがんばれるかなとか考えちゃいました。

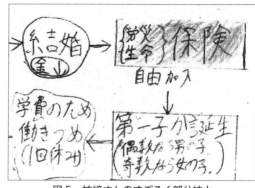

図5　神﨑さんのすごろく部分拡大
生命保険

＜高校家庭科の記憶＞

仲田 高校の家庭科で生活設計を勉強していたけど、その時どんなこと考えた？

鈴木 知らねえよって！（笑）

吉野 楽しかった。2年生で進路考えていたから。

神﨑 当時ちょうど流行っていたアニメのセリフがこびりついてて、友達とこれ書くかって。ほかには、今考えると夢物語だけど、当時考えてた普通の大人や大学生を書いたけど、まあうまくいかねえな、今になって思えば。

仲田 鈴木さんはどんな思いで書いたの？

鈴木 わかんないなりに、こんな風になるのかな、プラスこうできたらいいなって。（就職するつもりだったけど）車系行きたかったし、資格取るのは働きながらは難しいし、友達と今の学校調べて、体験入学行ったら気に入って、ここ行こうってなった。

仲田 高校2年で知らなかったことが、いろいろ調べたらわかったってことだね。

鈴木 それに進学しても学費払ってもらえないと思ってたけど、じいちゃんが学費のことは考えるなって言ってくれたんで。それに甘えて行かしてもらいました。

若月 周りの大人に頼っていい時は頼って。

仲田 吉野さんは初めから看護師って書いて、現実が目前に来ているけど、高校の時のこと考えるとどう？

吉野 高校の時は何も考えていなかった。とにかく勉強をしようとは思っていた。でもすべて暗記で、一夜漬けですべて忘れちゃって、あのときちゃんと勉強をしておけばよかったなあ！

鈴木 俺いまだに一夜漬け。

吉野さん

図6　吉野さんのすごろく部分拡大　看護師になる

＜高校時代、学びたかったこと＞

仲田　先のことってわからないよね。生活設計について、高校の時にどんなこと教えてほしかった？

神﨑　（即答で）お金の話。税金の話や年金とか、国に納めるお金の仕組みを重点的にやってほしかった。

若月　税金の話ってあまりないよね。

神﨑　絶対必要なのに何でやらないのかな。

仲田　非消費支出とかやったでしょ・・・ライフコース別に収入と支出とかもね。

神﨑　高校生から見ると何やってんのってなるかもしれないけど　間違いなく絶対やっておいた方がいい。

若月　今年から年金でしょ。

神﨑　働き始めて途端に払えって言われるし。不明瞭すぎてなんだかな。

若月　今の若い人たちは消費税や年金問題があるから敏感だね。

仲田　年金の仕組みは？

神﨑　あるのは知っているけど実情はどうなってるのか。

仲田　税金のこととか年金のこととかちゃんとわかれば、大人になるってどういうことかわかって、人生見通すきっかけになるのかな。

鈴木　払わなければいけないものと、そうでないものを知りたい。

仲田　日本は国民皆保険だからね。

若月　年金と合わせると月に３，４万は払うんだよ。

鈴木　無理〜

仲田　日本では昔からお金のことを子どもに教えないという考え方があるけど、今、それではいけないということで、家庭科でお金との向き合い方を取り上げています。一人一人の人生を考えるのが家庭科だからね。調理だけじゃないんだよ。

吉野　生活設計って言われて、最初なんで家庭科で？って思った。

鈴木　家庭科って内容の割に時間少なくない？つまみ食いで終わる。家庭科はもっと時間ほしい。

神﨑　家庭科って微妙なところで終わる。えっ、これで終わり？ってとこで終わっちゃう。生活設計も友達と相談してやった方がふわふわしてたのが固まると思った。出来上がって、振り返った時にもう少し時間があったらできたかなって。

神﨑さん

若月

＜高校生に一言＞

仲田　それでは最後に、高校生に生活設計でこんなこと勉強しておいたほうがいいよというメッセージをお願いします。

鈴木　「えー、わかんねえよ」って思っても、一回考えてみるのが大事。

吉野　将来のことを、理想でもいいから。

鈴木　授業受けてみると、いろんなこと考えるなって思う。

神﨑　とりあえず考えろってこと。考えるときに一人で考えるのでなくて二人以上、友達と考えると固まるから。周りと話し合って、自分はこうしてみたいと口に出すとある程度見えてくる。

鈴木　お金のこと。みんなが使うから。

仲田　今人生すごろく書いたら具体的な夢が詰まったものができそうだね。今日は本当にありがとうございました。

第5章　学び合い、つなぐ家庭科

◆おわりに

　3人とも高校の生活設計で学んだことをよく覚えていてくれました。今専門学校で学びながら、自分の将来を懸命に考える彼らの姿を見て、心から応援したいと思いました。

　彼らの話から、高校生のときは漠然としていても、授業で自分の将来のことを考えることは意味があると再確認できました。また、税金や社会保障制度についてもっと勉強したかったという彼らのコメントも印象に残りました。

　さらに、ことばにして友人と話し合う中で（独り言であっても）自分の意思がはっきりしてくるという指摘も興味深く感じられます。学校だからこそできる学びであり、コロナ禍で難しいこともありますが、教師はこのような学習活動を大事にすべきだと改めて感じています。

　新学習指導要領では、生活設計は家庭科学習の導入に位置付けられています。でも高校1年あるいは2年になったばかりのときに、いきなり「あなたはどう生きたいか」と聞かれても戸惑うことが多いかもしれません。学習を進めて知識が増え、社会の現状と課題を理解することで、初めてわかることもあるでしょう。高校卒業後の人生を見据えた生き生きとした家庭科の学びが、これからさらに展開することを、心から期待したいと思います。

図7　いろいろな人生すごろく

成年年齢は引き下げられたけど、
家庭科で大人になることと
自分の人生をしっかり学ぼう！

コロナと家庭科

　2020年1月上旬、新型コロナウイルス感染症が国内で初めて確認されました。学校教育への影響は非常に大きく、一斉休校や首都圏を中心に、緊急事態宣言、蔓延防止等重点措置の発令により、教育活動に大きな制限がかかりました。実習授業やグループワークを行う家庭科は、数ある教科の中でも特に大きな影響を受けたと言っても過言ではありません。ここではそんなコロナ禍での家庭科について、家庭科教育推進委員会が県内の家庭科教員向けに行ったアンケートの一部を紹介します。コロナ禍での家庭科教育について、改めて考える機会になれば幸いです。

新型コロナウイルス感染症流行時における家庭科授業に関するアンケート　（2021年2月実施　回答数99）

1．休校期間（2020年3月〜5月）はどのような課題を出しましたか？

●家事をする

・1日1つ、自分が行えることを考え実行し、レポートにまとめる。
　例：朝食を作る、手洗いで洗濯をしてみる、1週間分の献立を考える、等
・調理や被服に限定せず、あらゆる家事のうちどれかを取り組み、その様子をレポートさせた。
・「本日の家事貢献レポート」の作成
　家で行った家事について週2回（授業数）以上を目標に、ルーズリーフなどにまとめる。
　まとめのポイント　①どんな家事をしたか　②どのように家族に貢献したか
　　　　　　　　　　③自分なりに工夫したこと　④その家事をよりよく行う方法

●マスクを作る

・マスクの素材・作り方は何でも可
・2枚作る。
・家にあるもので作る。
・学校再開後授業で作るため、配信された作り方動画を見ておく。

授業プリントを使っての作り方動画

●マスク不足から商品選択について考える

・なぜマスク不足になったのか考察する。
　A　日本の企業はマスクの他にどのようなモノを海外で生産しているでしょうか。
　B　日本の企業が海外に工場を建てる理由は何か。
　C　海外進出した先進国の企業のもとで働く現地の人たちは、どのような生活をしているでしょうか。
・最後に100字以上の意見文を書いてまとめる。
　『今後私たちはどのような商品を選んでいけばよいだろうか』

●動画を視聴する

・ＮＨＫ高校講座（家庭総合2019)を視聴し、確認チェックや自分の意見などをオンラインで答えてもらった。
・被服製作検定4級動画配信→練習
　→練習布提出 [ファッション造形]

【被服製作検定4級の審査内容と合格基準】
内容：基礎縫い（手縫い・ミシン）〈50点満点〉
具体例：まつり縫い、ボタンつけ、曲線のミシン縫い
時間：35分
合格：35点以上〈50点満点〉

●食事を作る

・自宅で、1人3品料理をつくり、レポートを提出する。
・家庭で作れる程度の課題を出し、個人単位でやりとりをした。写真をみてアドバイスをした。
・調理実習の内容は自由にしたが、写真を添付し、材料、作り方、工夫した点、家族からの感想などをレポートにまとめさせた。
・朝・昼・夕3回分の献立作成、調理、反省・評価を課題とした。献立作成には栄養面での理解も必要なので、実習に加え、栄養の知識を調べる内容も扱った。
・プリントを郵送、調理実習を課題として、示範と解説をオンデマンド※で行った。

課題配信の画面

動画本編の画像

・5大栄養素を1つずつピックアップし、料理を作り、レポートにまとめてもらった。
・2週間分の食生活調査と振り返りをさせた。
・各家庭でお弁当作りに取り組ませ、鎌倉女子大学主催のお弁当甲子園に応募した。

※オンデマンド（On Demand）
　要求に応じてという意味。ライブ配信とは違い、YouTube のように好きなときに何度でも見ることができる。

【栄養満点弁当】
母親に向けて作ったお弁当です。栄養はもちろんのこと、彩りやお弁当箱の形にも気を付けて作ったそうです。これを食べた母親はきっと感動ですね。

お弁当甲子園
応募作品

【気分はピクニック弁当】
2020年4月時点。現在よりもわからないことが多く、活動の自粛が余儀なくされていました。そんな状況だからこそ、気分はピクニックということで作ったそうです。実際には屋上で家族みんなで食べたとか…

●調べ学習やレポート作成、作品制作など

・ホームプロジェクトに取り組む（多数）
・新聞記事を基に自分の考えを書く（牛乳不足について自分にできること、コロナ禍の食生活の課題についてどのようにしたら改善につながるか）
・保育実習で使用する名札製作
・保育実技（折り紙、ピアノ）
・子どものおもちゃ制作、絵本を選び読み聞かせ練習、住んでいる地域の子育て支援について調べる。

ホームプロジェクトの運営方法や生徒の受賞作品、具体的な指導方法については本書 p.101 を見てね。

2．休校開けの授業（2020 年 6 月以降）で実習はどのように取り組みましたか？

食分野

- クラスの半分（20 人）が
  1 台に 2 ～ 3 人で調理をし、
  試食の際には横一列に座っ
  た。その間、残りの半分の
  生徒はプリント課題や調べ
  学習で別教室にて対応した。
- きゅうりの輪切りテスト、
  厚焼き卵（卵焼き）など個
  別に調理できるもの。
- 糖度実験などの実験実習を
  行った。

被服分野

- ハンカチやバンダナなどを持参させ、短時間でできる手作り
  マスクを実施した。用具は各自持参し、アイロンは使用後に
  消毒した。
- エプロンから手縫いの基礎縫い及び刺し子の作品製作を教室
  で実施した。

保育分野

- グループ制作したものを紹介ビデオとして撮影し、こども園
  に寄付した。
- 赤ちゃんの模型を使い、おむつ替えの体験を 1 人ずつ行った。

Column　オンラインでふれあい体験

千葉県立沼南高柳高校の実践より

　本校ではこれまで「子どもの発達と保育」におい
て『高校生と遊ぼう』というプログラムを行ってきた。
子育て中の親子に来校していただくふれあい体験で、
年に 3 ～ 4 回程設けてきたが、コロナ禍で 2020 年
度、2021 年度は断念した。乳幼児とのふれあい体
験は生徒自身も大変楽しみにしていたイベントで、
何とか乳幼児の姿を間接的にでも提供することがで
きないかと、絵本の読み聞かせや手遊び歌などを DVD 化し、遊び教材の一つとして保育施設
等にプレゼントするなど、模索を始めた。生徒の個人情報保護が気がかりで同僚の先生に相談
したところ、「かたちが後々まで残る物より、思い切ってオンラインでやってみては !?」とアド
バイスをもらい、不安は大きかったが zoom を使ってのオンライン交流を試みた。例年の代替
として行ったのが、題して『高校生とオンラインで遊ぼう♪』リモート作戦である。せっかく
の LIVE なので一方的な情報発信でなく、園児とやり取りができる遊びを準備させた。選択者
28 名を 3 グループに分けて実施した。
以下は実施内容の一例である。
　　♪グループ 1 ／手遊び歌（はじまるよ）、紙芝居（桃太郎）、クイズ、○×ゲーム
　　♪グループ 2 ／手遊び歌（とんとんとんとんアンパンマン）、間違い探し、ものまね、ダンス
　　♪グループ 3 ／手遊び歌（ピカチュウ）、影絵クイズ、記憶力ゲーム、ハンドベル（ジングルベル）

　直接的な触れ合いは無く、画面を通しての活動ではあったが、園児の屈託のない笑顔や素直
な反応等を生徒に体感させられたのは大変貴重であり、有効的だったと感じる。課題は保育施
設側に ITC 等の環境・設備が前提条件になること、無線 LAN ではネットワークが不安定な傾
向にあるということである。

　　　　　　　　　　　新学習指導要領においても、幼稚園、保育所及び認定こども園
　　　　　　　　　　などの乳幼児、近隣小学校の低学年児童との触れ合いや交流の機
　　　　　　　　　　会をもつよう努めることとある。また、乳幼児期の大きな社会問
　　　　　　　　　　題として児童虐待もあげられる。将来的に児童虐待にあたるよう
　　　　　　　　　　な乳幼児とのかかわり方を生徒にさせない為にも、乳幼児とのふ
　　　　　　　　　　れあい体験はどんな状況下でも実践する必要があると感じる。

3. コロナ禍で変わったこと、感じたこと、今後の課題、検討すべきことは？

「 ICT 使ってみると いい感じ？ 」

　新型コロナウイルス感染拡大により情報活用が求められたことは間違いありません。オンラインでの授業や課題に加え、会議や研修など、ICT機器との距離は近くなりました。今後はICT環境の整備充実と学校間、生徒間での差を可能な限り失くし、いつでもどこでもだれでも使うことが出来るツールとして、活用できるようにしていきたいです。しっかりと教員自身も、その波に乗っていきたいものです。

「 目指すべく 最高峰は ひとり○○ 」

　少人数での被服製作や調理実習等が求められたことは先述の通りです。行き着くところは自分1人でできるようになること。もしかするとコロナ禍を経て、家庭科としての最大かつ最終的な目標に近づいた生徒も多いのではないでしょうか。改めて、家庭科の意義を考えさせられました。

「 戻れない？ 会議・飲み会 省エネ化 」

　いろいろな制約の中でしたが、意外にも連携をとることができたと感じています。もちろん、今までのような対面での会議や各行事後の飲み会や歓送迎会が無駄だとは口が滑っても言えません。しかしながら、それがない日常を過ごしても、何ら変化を感じない人もいるのではないでしょうか。あればよいもの、あった方がよいもの。その1つがリアル飲み会だったのかもしれないですね。

Column　コロナ×高校生アンケート

千葉県立船橋北高校の実践より

　現在または将来の生活について考えるようになったことや不安なことはありますか？

> 家での電気代、水道代、ガスの値段を気にするようになった。

> バイトのシフトが減った。収入が減り、生活面が厳しい。

> 仕事に就いた際コロナ禍で中々行くことが出来ず、収入が減ってしまわないか心配。

> 進学の際の奨学金の種類や内容、返済計画について興味を持つようになった。

> 父ちゃんの会社が飲食業なので、コロナで止められちゃったら怖い。

> 日本の経済力が低下し、増税や介護などに支援がまわりきらなくなるかが心配。

> 自分がいつコロナを持ち帰ってしまうか分からない。病気のじいちゃんに近づけない。

> テレビのニュースが気になってしょうがない。前よりニュースを見るようになった。

　生涯を見通した経済計画の重要性を理解させる上で『今がチャンス』なのでは！？
"高校生には難しいだろう" と避けてきた金融商品等にも触れた授業を行ってみました。

【指導計画（全4時間）】
①人生について考えてみよう
②「貯金」と「保険」の特徴について理解しよう。
③「お金を借りる＝悪いこと」なのだろうか。
④お金の増やし方〜金融商品について知ろう〜

> 生徒たちの「学びたい」「学ばなければならない」という気持ちが伝わってきました。教えるって面白い！！

④の感想
・投資とか難しそうと思っていたけど、やってみるのもありだと思った。知らないって怖いなと思った。
・色々調べたりすればするほど損することがなくなると思うし、今のことだけではなく、未来のことを考えて選択するのも大事だなと思いました。どうお金を貯めるかは人それぞれだけど、色々なお金の貯め方があるみたい。知らないと出来ないこと、損することがあるので、知ることが大事だと思いました。

家庭科への応援メッセージ

家庭科教師はいろいろな分野の方と協働して、授業を創っています。その中で知り合った家庭科以外がご専門の方に、家庭科に期待することなど、応援メッセージをいただきました。

■ギフト詰め合わせボックス

（株）NHK エデュケーショナル教育グループ　草谷 緑

　2019年1月、私は千葉県立高校の教室で、「人生すごろく」の授業（p.140参照）を取材していました。世界に向けたラジオ番組で、日本の家庭科が何を教えているのか、そしてその背景にどんな社会状況があるかを伝えるシリーズを制作するためでした。私はマイクを手に、「どんな子がいるかな？」と、生徒たちの表情や声、動きを観察していました。授業によっては、生徒はただ座っているだけで、誰がどんな子なのか、まったく伝わってこないこともあります。ところが「人生すごろく」の授業は違いました。黙々と書く子、手が止まっている子、楽しそうに話し合う子…自由で和気あいあいとした雰囲気の中、生徒たちの多様な個性が伝わってきました。出来上がってゆく人生すごろくも様々で、堅実な人生、奔放な人生、趣味の鉄道やゲームに邁進する人生など、一人ひとりの人生観が表現されていました。

　放課後には場所を変えて、生徒数人にインタビューをしました。「すごろくにどんな意味を込めましたか？」という質問から始まり、育ってきた家庭環境や将来の夢にまで話が広がりました。楽しそうに作っていた人生すごろくにも、シビアな現実が含まれていることが見えてきました。辛い話も明るく前向きに話す高校生に心を打たれました。

　私は常々、家庭科はまるで、これからの時代を生きるための道具を集めた、ギフト詰め合わせボックスのようだと思っています。大人たちが精一杯知恵をふりしぼって作った珠玉の贈り物です。でも、できるのは子どもたちに手渡すところまでです。箱の中身をどう使うかまでは強制できません。一人ひとりの子どもが、自分で決めることだからです。

　「人生すごろく」の授業でも、先生は意外なほど、一つ一つのすごろくに対して口をはさみませんでした。中には、明らかに非現実的な夢を描いている子もいました。私はもどかしく思い、あとから先生に「指摘しないんですか？」とたずねました。すると返ってきた答えは、（正確な再現ではありませんが）「面と向かって否定するのはその子自身に対する否定になってしまう。だから、隣の子のすごろくと比べて『どこが違う？』と気づきを促したり、違うタイミングでさりげなく伝えたりする」というものでした。私はハッとし、あの教室の、和やかな雰囲気を思い起こしました。「相手の価値観を尊重する」「自ら気づくきっかけを与える」…このようなやり方はすごく時間がかかります。でも、先生にとって家庭科のゴールは、今すぐ考えを変えさせることではないのだろう、と思いました。ギフトボックスが開かれるのは何十年も先かもしれないし、結局ギフトは使われないかもしれない。それでも、その子自身が考えて答えを出すことのほうがもっと大事であり、その支援をするのが家庭科なのだろうと、私なりに理解しました。これは家庭科に限ったことではなく、教育的な営みすべてに当てはまることかもしれません。さらに言えば、メディアの仕事も同じだと思います。画面の向こうにも多様な人生があります。そのことに想像力を働かせ、情報を受け取る側に考える余地を残すことができているかどうか、自らを省みました。

　私が家庭科に深く関わることになったのは2014年度、高校生向けの家庭科番組を担当したことがきっかけでした。教科書を手に取り、ぱらぱらとページをめくった時のことは今でも忘れられません。「すごい！ここにすべてがある！」と感動しました。それ以来、私はカバンに教科書を忍ばせ、会う人ごとに見せては「家庭科すごいんですよ〜」と、押し売りめいた宣伝活動までするようになりました。それ以来、家庭科は私にとって、違う分野で同じゴールを目指して頑張っている、同志のようなものだと勝手に考えています。公教育という制度の中で、すべての子どもたちに家庭科というギフトボックスが贈られている…そのことを心強く思い、力づけられています。

■家庭科教育と公民科教育の連携に期待しています！

明治大学　文学部特任教授　藤井 剛

　「あんころ　持続可能な社会へ、学び合い、つなぐ編」の発刊、おめでとうございます！　面白い書籍名だなあ…と思っていたら、担当の先生が「『家庭科の授業案がころころ出てくる本』と言う意味」と説明してくれました。

　いよいよ新教育課程が高等学校で段階的に施行されます。私は社会科・公民科教育法の人間ですので、どうしても新科目「公共」に目が行きます。その公共の学習指導要領解説中に、「家庭科…などとの関連を図るとともに、項目相互の関連に留意しながら、全体としてのまとまりを工夫し」との文言が入り、さらに「家庭科に属する各科目の内容のうち、生涯の生活設計、自助、共助及び公助の重要性、消費行動における意思決定や契約の重要性、ライフスタイルと環境などに関する部分との関連を図る必要がある」と記載されました。これまでも、消費者教育などについて家庭科と公民科の科目には重複部分があり、内容の摺り合わせが行なわれていたと思います。今後は、家庭科の「ライフステージ」の各段階と絡めて、公共の「18歳成年と契約」「労働契約」「年金・保険」などを教えていく必要があります。具体的に「契約」を例にとってみましょう。契約の扱い方は家庭科と公民科では異なっています。公民科では、ヨーロッパ中世の封建時代には農奴には人権がなかった、から始まり、近代市民革命で平等権、所有権、契約自由の原則を勝ち取ったが、資本主義の進展で経済的格差や情報の非対称性が生まれてきたため、契約自由の原則が変更された（消費者や労働者の保護）と教えます。公民科でこのような内容を学ぶという前提で、両科目の連携が行なわれていくべきでしょう。その意味で、多くの授業案が「ころころ」出てくる本書は、家庭科の先生方だけでなく、公民科の先生方にも広く読んで欲しいと思います。私も宣伝しますので、家庭科の先生方も、是非、公民科の先生方に本書を読むように勧めて下さい。

　最後になりましたが、今後の授業実践の深まりを祈念しています。

■家庭科の重要性について

千葉県立国分高等学校教諭　数学科　宮本 理典

　育児休業を取得して子育てに参加することが契機となり、私は家庭科教育の重要性を何度も感じることになった。千葉県の男性教職員の「育児休業」取得率の目標は50％であるが、令和2年度実績は27.6％である。まだまだ男性の育児休業取得率は少ない。そこで、男性として育児休業を取得した立場から気づいたことを述べていきたい。

　まず、育児休業を取得するにあたって、ライフプランを今一度考えなければならなかった。家庭科の授業で学んだ「将来を考えること」の大切さを実感した。いざ育児休業が始まり、子育てに関わると、「子どもの保育」や「衣・食・住」についての知識が必要になってくる。新生児と乳幼児の特徴の違いや、発達段階に合わせた関わり方をしていく。子どもの服装について、どのような素材を着させればいいのか、メリットやデメリットを踏まえて決めていく。家庭科の授業で学んだ知識や技術が、今生かされるのだということを思い知った。

　また、環境問題についても考えさせられた。家族全員の食料品を買うと、大量のプラスチックごみが出てきてしまうが、ゴミが少なくなるような買い物の仕方や生活スタイルがあるはずだ。子どもの成長に伴って必要になる衣服や家具、雑貨なども無駄はなるべく減らしたほうが良いように思う。そして、将来的には子ども自身も環境問題について考えられる大人になって欲しい。これらは、育児に関わることで改めて強く実感したことでもある。

　家庭科は私たちの生活に直接的に関わる教科であり、性別に関わらず誰にとっても必要な知識や技術が含まれている。私自身、高校時代の家庭科の授業で学んだことを思い出しながら、育児に励んでいるところである。最後に、今後の人生に大きな影響を与える家庭科という教科の未来に期待し、応援メッセージとさせていただきたい。

第5章

学び合い、つなぐ家庭科

■学校教育の主役は家庭科

弁護士（京葉船橋法律事務所）　石垣　正純

　二十数年高校の教員で生活し最後は私立高校の教頭職、現在は「マチ弁（街弁）」として刑事事件や少年事件、家族の問題をめぐる事件にかかわり、弁護士の立場からの消費者教育に取り組む千葉県弁護士会所属の弁護士です。当会消費者問題委員会は消費者教育の出張授業に取り組んでいますが、その授業の特徴は、消費者被害のみならず、加害者に関するお話もすること。インターネットにまつわる詐欺や振り込め詐欺の加害者となった高校生や大学生など若い層の付添人活動や刑事弁護の話を中心に、「儲かるビジネス」なんてそんなに転がっていませんよというお話をしています。これ、弁護士しかできない話なんです。これを読まれた皆様、弁護士会の出張授業、ぜひ、ご活用ください。もちろん他の都道府県でも弁護士が学校に出張授業をしていますから、まずは、各弁護士会の窓口にご一報いただければと思います。

　さて、家庭科の先生たちに望むことは、ぜひ、消費者教育に積極的に臨んで欲しいことです。消費者教育の推進に関する法律に見られるような、主権者として消費社会に主体的にかかわり SDGs という観点も含めた「消費者市民社会」の実現を目指す消費者教育と、契約の重要性を伝え他方で消費者被害を避ける力を育む消費者教育の両輪を、ぜひ学校に広めて欲しいのです。教育基本法を参考にするならば、先生方の使命は生徒たちの「安全と安心」を守りながら「人格の完成」を目指し成長させること。契約の話なんて公民科がやればいいなんていう時代ではありません。時代は刻一刻と変化しています。2022 年 4 月の成年年齢（正確に言うと「成人年齢」ではありません）の引き下げを受けて、学校はどう変わるのでしょうか。生徒たちの何がどう変わるかまだまだ予断を許さないわけですが、家庭科の先生たちの頑張りが、生徒たちの「安全と安心」に直結する時代になるのは間違いがないのです。そのためには、先生たちが弁護士を上手に使って、先生自身も生徒たちも「法の知恵」を身につけていただけたらと思います。「あんころ」の初版、ポチっとして読みました。家庭科の先生方の頑張りが伝わってきました。家庭科の先生たちの叡智が詰まった今回の新しい「あんころ」も楽しみにしています。これからの学校教育の主役は家庭科教員だ！くらいの気迫で、これからも頑張ってください。期待しています。

■家庭科と公民科連携の広がりに期待しています

東京都立農業高等学校主幹教諭
地歴公民科　塙　枝里子

　私が勤務する東京都立農業高等学校は農業科 3 科、家庭科 2 科（食物科・服飾科）を有し、都内で唯一「衣・食・住」が学べる専門高校です。本校は家庭科の先生が講師を含めて 12 名在籍しており（2022 年 5 月現在）、実践的・体験的で専門的な学習活動が展開されています。新学習指導要領施行にあたり、カリキュラムマネジメントを確立して教育活動の質を向上させるという観点から、複数教科の連携を図りながら授業をつくることが謳われました。これまでは「他教科不可侵」が一般的で、高等学校では他教科に踏み込むなど言語道断の世界だったようです（？）が、今後は真逆の方向性が示されたわけです。私は、公民科と最も親和性の高い教科が家庭科であると考えており、今後多くの連携が生まれることを期待しています。

　例えば、家庭科における必修化で注目を集める金融教育は、公民科でも同様の単元が設定されています。しかし、扱う内容が多岐に渡ることから、実際には触れられていないというケースもありました。でもこれからは、「生活設計（パーソナルファイナンス）は家庭科でやるから、日銀の役割や景気循環（パブリックファイナンス）、企業の意義（コーポレートファイナンス）は公民科でいきましょう。最後にエシカル消費と ESG 投資の視点を入れたレポートをまとめさせてみましょうか…」などという会話が生まれるかもしれません。実はこの会話、本校で家庭基礎を担当している先生と実際にしたものです。

　私は社会の仕組みを自分事化して考え、社会参画できるようにするのが公民科、自分の生活から社会を見つめて、社会参画できるようにするのが家庭科なのだと理解しています。アプローチは異なるものの、最終目的は同じです。ならば、多くのテーマを取り扱わなければいけない悩みを持つ教科同士、手を取り合うことができるのではないでしょうか。多様な連携が生まれ、広がりよりよい社会の構築に向けて主体的に生きる生徒を育むような授業実践ができると嬉しいです。

■国際交流の場での家庭科教育の底力

ユネスコ・アジア文化センター
国際教育交流部　主任　高松 彩乃

　ユネスコ・アジア文化センターでは、日本とアジア4か国との間で教職員を対象とした国際交流プログラムを実施しています。新型コロナウイルスの影響を受けて、国際交流も対面式からオンラインへと形を変えました。このたび、タイの教職員に向けたオンライン交流プログラムで日本の教育実践をワークショップ形式で紹介することになり、ぜひ講師になっていただきたいと思ったお一人が、千葉県の県立高校で長く家庭科教育に携わってこられたN先生でした。N先生は海外派遣プログラム参加や、勤務校で中国教職員の訪問受け入れのご経験があり、その際に紹介されていた授業実践が印象的で講師依頼をさせていただきました。

　ワークショップは2部構成で、前半は日本の家庭科教育と先生の実践紹介、後半はゆかたを着て畳むことに挑戦しました（ゆかたは教材の一部として、事前にタイに送りました）。写真（p.135）にもあるように、ゆかたのパートは楽しく文化を学ぶ体験でしたが、タイの先生方には日本の家庭科教育、とりわけ「生活設計」の教育実践もまた深く心に残ったようです。今回のプログラム参加者の中には家庭科担当の教員はいませんでしたが、複数の方が「ワークショップを通して、担当している教科の内容を生活と結び付けた実践を行っていきたいと思うようになった」と話していました。すべての人には生活があり、どんな教科の学びも生活と無関係ではありません。プログラムの中でそのことを伝えてくれたのは家庭科教育だったと私は思います。家庭科教育をコアとした教科横断的な学びを体現し、タイの先生方の気づきへと繋げてくださいました。

　様々な地域、年代、専門性の教職員が交流する場で、家庭科の底力と可能性が大いに発揮されています。これからも家庭科の先生方と国際交流の場で協働できることを楽しみにしています！

第5章

学び合い、つなぐ家庭科

タイの教職員対象に日本の家庭科（生活設計）の授業の紹介をしている様子

みなさん、ありがとうございます。
そしてこれからもどうぞよろしくお願いします。
家庭科、もっともっと頑張りますよ！

編集後記

あんころ続編完成です。コロナ禍の編集作業はオンライン会議やアンケート機能や共有ドライブを駆使。前刊発行時は学生や初任だった若手メンバーたちが頑張りました。千葉県高校家庭科教員の授業への熱意は変わらず健在です。ぜひご覧下さい。

千葉県立検見川高等学校　宮下佳代子

改めて千葉の先生方の熱量の高さに刺激を受け、そこにコロナも重なり、新たな価値観に出会うことができました。あんころ片手に、今後も良き変化を求め続けていきます。

八千代松陰高等学校　立脇千春

あんころを初めて知った時には大学生で、教員採用試験や教育実習対策に活用していたので、この度編集に関わる事ができ嬉しく思います。この本からあんがころころ、さらなるアイデアが生まれる本になればと思います。

千葉県立幕張総合高等学校　白石広子

前刊から10年。コロナ禍にも負けず再び「あんころ」をお届けできることになり、感無量です。現場の教師による現場の教師のための本になったと自負しています。みんなで、もっともっと家庭科を！

國學院大學栃木短期大学　仲田郁子

初めて「あんころ」を手に取ったのは大学生の時でした。たくさんの魅力溢れる家庭科の授業に触れ、いつか私もこんな授業をしたい！と思っていました。編集という形で携わることができ、本当に嬉しく思います。

千葉県立松戸高等学校　杉浦なぎさ

本書の出版に関わり、さらなる家庭科の魅力に触れることができました。編集会議後は、明日の授業へのやる気が自然とみなぎっていました。読者の皆様にも共感いただけると幸いです。

千葉県立東葛飾高等学校　富永翔馬

編集会議に参加させていただき、家庭科の奥深さと面白さを再確認しました。生徒の楽しい学びのために、まずは私から。新たなことにどんどんチャレンジしていきたいと思います。

西武台千葉高等学校　菅澤真紀

若手からベテランまでそろった編集委員会は、いろんな意見やアイデアを出し合い、毎回が「学び合い」の場でした。県内の先生方の素晴らしい実践が集まり、教師と生徒、そして地域社会をつなぐ家庭科のすばらしさが詰まった本になりました。自信を持ってお勧めします。

東葉高等学校　若月温美

今回はあまり編集作業に参加できませんでしたが、先生方の素敵な授業アイデアのつまった素晴らしい本ができあがりました。これからも自身の授業力向上を目指して頑張っていきたいです。

千葉県立市川工業高等学校　永岡知子

最後の大きな仕事として参加させて頂きました。毎年発行している「あんころ」に原稿を提出して頂いた先生方に心から感謝いたします。この本が多くの皆様に役立ってくれることを祈願しています。

千葉県立鎌ヶ谷高等学校　清田郁子

編集会議に参加させてもらえたおかげで、多くの先生方の家庭科愛に触れることができました。やっぱり、家庭科の授業って楽しい！この本を手にしてくださった皆様にも伝わりますように。

千葉県立柏南高等学校　西村牧子

福岡の大学で卒論作成をしていた時に「あんころ本」と出会いました。時が経ちご縁があり、こうして「あんころ本」に携わることができたことはとても感慨深いものです。家庭科の魅力は無限大だと改めて感じました。

千葉県立成田北高等学校　佐々木香織

多くの指導案、実践報告を通して改めて勉強になりましたし、刺激も受けました。家庭科って本当に面白くて、魅力ある教科であることを実感しました。この本を通して、さらなる家庭科の魅力が伝わりますように！

千葉県立柏井高等学校　中村利奈

その時の生徒の実態、社会の状況、授業者の経験…によって出来上がった授業。「私がこの授業をする場合は…」と考え、会議のたびにワクワクしました。やっぱり家庭科って面白い！この面白さが、より多くの人に伝わりますように。

千葉県立船橋北高等学校　千葉友紀子

教育課程の改訂に向け、いろいろなアイデアの詰まった本になりました。編集委員の先生方と月に1回オンラインや対面で会えるのが、楽しく、充実した時間になりました。

千葉県立国分高等学校　澤野さやか

「あんころ本」2度目の編集に関わらせていただきました。コロナ禍での編集会議はオンライン会議や、様々なIT利用にドキドキ・あたふた・・・新たな経験ができ良い勉強となりました。またまた家庭科愛あふれる本になっています。是非ご覧ください。

千葉県立佐倉東高等学校　別所孝子

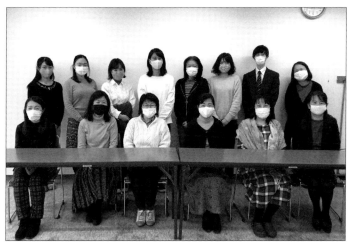

第3回編集会議（2020年12月20日、船橋市中央公民館にて）

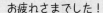

お疲れさまでした！

第1回の編集会議は2020年9月でした。それから約2年、自粛が求められる中、手指の消毒をして、冬場も換気をし、マスクに3密防止……。終了後は机いすを消毒し、全部で14回会議を重ね、オンラインの会議にもすっかり慣れました。そのような中、若手メンバーが増えて、この2年で結婚した人、育休に入った人も！　本当におめでとうございます。そんな私たちを、前回同様厳しくも温かく見守ってくださった編集の後藤真理子さんに、心から感謝を申し上げます。

（編集委員一同）

第14回編集会議（2022年3月25日、千葉県立佐倉東高校にて）

講評にかえて

生活を営む力を育てよう

千葉県高等学校教育研究会家庭部会顧問
千葉県立船橋芝山高等学校　校長
吉川 久美子

　学習指導要領の改訂で、高等学校家庭科の授業に「投資」の内容が導入されることが話題になっていますが、家庭科教育は、1円でも多くお金を儲ける資産形成を推進するものではありません。自分の進学や結婚、住宅取得、老後と言ったライフステージを具体的にとらえ、社会制度を理解し、病気や失業などのリスクに備えるための「金融リテラシー」を身につけることが、本質だと思います。

　今回発刊された「あんころ」の続編には、「18歳成年」「自分らしく生きる社会」「年金」「投資」「ライフプラン」などの授業実践が紹介されています。家庭科の目標は、生活を営む力の育成であるという先生方の強い気持ちを感じます。他にも、深い学びにつながる指導方法や評価方法の工夫など、勤務校の状況に合わせて活用できる内容が豊富です。特に家族や地域との連携を形にしたホームプロジェクトの実践は、よりよい人間関係を築くコミュニケーション力の育成にもつながる主体的な学びといえます。

　今後、家庭科を指導する多くの先生方が、この本をとおして得た知識や技術、ネットワークを駆使し、魅力的な授業を展開することで、生徒が家族や地域の課題に気付き、自分の課題として探究する原動力になることを期待しています。

　結びに、本編編集にご尽力くださった千葉県高等学校教育研究会家庭部会家庭科教育推進委員会授業研究部の先生方に心から感謝し、新しい時代の家庭科を創る先生方へエールを送り、講評にかえさせていただきます。

第2章　執筆者一覧（敬称略、五十音順）
※千葉県内の公立・私立の家庭科教員、元教員です。

＜その他＞

● 「ちょっと休憩」「Ｑ＆Ａ」等のマンガイラスト

‥‥‥‥‥‥‥‥‥‥‥‥‥‥‥‥‥‥ 千葉友紀子

●イラスト：エリマキ　　ほか

あんころ ～家庭科の授業案がころころ出てくる本～
持続可能な社会へ、学び合い、つなぐ 編

2022 年　8 月 8 日　初版発行

● **編著者**　千葉県高等学校教育研究会家庭部会
　　　　　　家庭科教育推進委員会

● **発行者**　横谷礎
● **発行所**　教育図書株式会社
〒 101-0052　東京都千代田区神田小川町 3-3-2
電 話　03-3233-9100（代）
FAX　03-3233-9104
URL　https://www.kyoiku-tosho.co.jp

ISBN978-4-87730-466-9 C3037